山田優一郎＋國本真吾［著］

# 障害児学習実践記録

## 知的障害児・自閉症児の発話とコトバ

合同出版

# はじめに

――私はいつものように妹を背負い、
いつ車道にとび出すかわからない博之の手をぎっちり握り、
バス停に向かった。
その時、雪につまずき、博之を握っていた手は離れ、私は
転んでしまいました。
どうしても立つことができない。
走り続ける博之の背中にむけて「ヒロちゃ～ん」と力の限り叫んだ。
すると走っていた足を止めて振り向き、私の所に戻ってきた。
その時、博之は「ウウ」と、声を出しながら私に手を出した。
私の耳にはしっかりと「お母さん、この手につかまって立ってよ」と響いた。
私は小さな手に力をこめてつかまり、ようやく立った。
通りすがる人々にはばかることなく涙があふれた。
私はこの子ともう少し生きてみようかと思う。

あれから11年の歳月が流れた。

もう少し生きてみようかと思ったあの言葉。

今まで歩んできたように、これからの遠い道のりを生きてみたい。

そして、言葉を失った我が子からいつの日か呼ばれてみたい。

せめて『母さん』と……


目のまえで詩を読みあげている母親は、私たちの学校の卒業生の母親であり、お子さんは言葉をもっていなかった。どこかの雑誌で見つけた詩として紹介されたが、まさに今、講演している母親の願いだった。

「せめて『母さん』と」

母親たちの願いは、今でも私を揺さぶっている。

もくじ


はじめに

第1章　発話の学習をどうするか……9

――「音」がつくれる子どもの発話

▼自閉症児と「介入」　▼トンネルをくぐる　▼水鉄砲　▼「音」がつくれる子どもの発話学習
▼学習の方法　▼学習の頻度　▼学習の空間　▼学習の結果
▼ことばを必要とする生活をつくろう　▼「ことばは車の運転」～教習所運転と路上運転
▼さとみさん、中学部3年生の夏、職員室は沸いた

第2章　「音」がつくれない子どもの発話……31

――音声言語にかかわるコミュニケーション手段としての「サイン言語」

▼「音」がつくれない　▼「文字」と「シンボル・ランゲージ」　▼「手話」から「サイン言語」へ
▼サインを生きる力に　▼伝える力は、人を変える　▼サイン言語学習をめぐる実践上の論点
▼サイン言語学習の対象児について　▼何から学習するか　▼サインづくりは共同作業
▼共通語と方言　▼ヒデ君、その後……

第3章　発話で世界を切りひらく……51
▼40年前の衝撃、「中核機制」　▼発達には節がある　▼「中核機制」とは何か
▼「中核機制」、その後の展開　▼人は、「層」をいかにとらえるか
▼歩みを規定する発達の「中心」A　▼発話学習の対象となるのはどんな子か
▼発達の中心に働きかける実践は、発達のズレに対応できるか　▼見えてくるか、「ヨコへの発達」
▼付記　自発語（サイン言語）をどのように記録したか
コラム　発達の基本的すじ道はすべての人間にとって共通　58
コラム　ヨコへの発達　63
コラム　天才ヴィゴツキー　72

第4章　コトバの「記憶」が教育の中心となる……87
▼ここから始まる学習の対象児はどんな子か～「三つの質問」を目安に　▼三つの質問
▼「コトバ拡張教育階梯期」と障害児教育～世界を広げる×思考活動＝コトバ「記憶」の蓄積こそ未来を開く
▼文字を獲得している子どもに「読み聞かせ」は必要か
▼提案①　彼の世界へ～そこから広げる　▼提案②　動画による導入、デジタル絵本の活用
▼提案③　思春期・青年期は、大人社会の教材で読み聞かせ　▼提案④　読み聞かせの量（頻度）
▼「段取り」を具体化する活動で丸ごとコトバを「記憶」にため込む　▼一人で買い物
▼一人で料理　▼「コトバ拡張教育階梯期」の実践評価の指標をどうするか

## 第5章 「自制心」（「しんどいケレドがんばる力」）はどのように育つのか……117
——がまんが育つのは、恐い大人か、やさしい友だちか
▼走って東京まで行こう！ ▼「がまんする力」は発達に規定されている
▼「自制心」が育つ前のがんばりは、こうして引き出す

## 第6章 コトバを準備する時期の教育をどうするか……129
——「自傷行為」から考察する
▼「困った行動」（問題行動）から見えてくるもの ▼「自傷」 ▼キーパーソン制
▼校時表フリー制度 ▼「コトバ準備教育階梯期」のコミュニケーション空間
▼「コトバ準備教育階梯期」の温度計

## 第7章 障害児教育に学校演劇を……149
——高等部演劇のシナリオ・キャスティング・演出の工夫
▼希望の星 ▼観客を幸せにするコツ ▼その前になぜ劇か？ ▼わかりづらさの補強
▼ナレーションは重要 ▼キャスティングのポイント ▼演出上のポイント
▼「尊厳を守る」という話

寄稿
第8章　青年期の教育、学校卒業後の教育をどうするか……167
——「働く」ことから「働き続ける」ための教育に
鳥取短期大学幼児教育保育学科教授　國本　真吾
▼障害のある人の労働、「働く」ことを問い直す　▼特別支援教育の現状から
▼青年期の学びの場から考える　▼「働く」ことがゴールなのか？
▼仕事は「義務」だけでなく「権利」としても保障されなければならない
あとがきにかえて——子どもの発達は、子どもによって獲得される

装丁・組版　合同出版制作室

第1章

# 発話の学習をどうするか

## 「音」がつくれる子どもの発話

## 自閉症児と「介入」

国立成育医療研究センターの2017年11月16日付プレスリリースによると、同センターころの診療部立花良之医長らの研究グループは、就学前早期の自閉症児への療育介入によって、その後の社会予後が改善される可能性があることを明らかにした。

一方、私たちの実践集団は中学生になったひとりの自閉症児との出会いによって、偶然にもこれから報告する発話に向けた実践が始まる頃には、嫌がらない程度の「介入」が人間関係を広げるという実践的な教訓を得ていた。なぜ私たちが自閉の子に「介入」が有効と気付くに至ったのか、経過は、以下のとおりである。

## トンネルをくぐる

養護学校の朝は、着替えから始まる。バスから下りた順に教室へ着くと、ひとりでできる子はひとりで、できない子は教師の援助を受けながら一斉に着替えを始める。アキ君（中1・男子）は、「不充分ながらも、着替えは、ひとりでできる」と引き継ぎを受けていた。

ところが、とんでもない日が続いた。少しバランスが悪いので椅子に座らせて、着替え用のカゴを目の前に置く。彼は座るものの一向に服に手をかけない。他の子の着替えを援助している教師のほうに顔を向けてニコニコしている。やがて「アキ君、着替えてね」と声がかかる。「は〜

い」と声をかけた教師のほうを向いて満面の笑みを返すのだが、手は動かさない。

みんなの着替えが終わった頃になって、近くの教師がシャツとズボンを手伝いながら脱がす。「さっ、後は自分で」とシャツとズボンを目の前に広げ、教師は他の仕事に移る。しかし、その教師が離れた途端にパンツのまま立ち上がり、教師の後を追う。連れ戻されてまた着替えのコーナーに座るのだが、彼の気持ちはすでに着替えをすませている他の子に向けられる。

けっきょく、彼は朝の会が始まるまでパンツのまま。最後は、朝の会の直前に教師の手によって着せられる。こうして、着替えは終わるのだが、毎日の着替えが全く彼の主体的な活動にはならない。彼の関心事は「人」であり、目前の服にはほとんど関心を向けることができなかった。つきっきりで指示され、指示に従って結果として着替えができたとしても彼の脳は自分で結論を出していない。

どうしたものか。クラスの担任者会で打開への道が探られた。結果出てきたのがトンネルである。イメージは、運動会のトンネルくぐりのトンネルだった。トンネルをくぐっている間は、ひとりで「物」に対峙する。そしてトンネルを抜けるとそこには大好きな「人」が待っている。そんな設定である。

当時の養護学校は生徒と教師があふれかえっていて、教室が不足し、次々と特別教室がつぶされていた。しかし、何日かようすを見ると朝の時間、音楽室が未使用であることがわかった。じゅうたんが敷かれ、真ん中にアコーディオンカーテンがある。カーテンを閉めると二つの教室としても使えるようになっていた。

カーテンの向こう側にカゴを置く。そして「向こうの部屋でシャツを脱いで」とシャツをつかんで意識させる。「脱いだら、カゴに入れてきて」と、送り出す。「がんばってね」と声をかけてカーテンを閉める。しばらくすると、彼は上のシャツ一枚脱いで、急いで出てきた。「やった！」「すごい！」と誉めると彼は顔をほころばせる。一枚ずつ短いトンネルをくぐり、彼は自分の脳を使って着替えを完了した。裏返しがあったり、シャツが出ていたり不充分なところは彼を傷つけないようさりげなく修正する。

音楽室での着替えが安定してできるようになった頃、彼のトンネルは教室へと移動した。毎日、ひとりの教師が教室を離れるわけにはいかないからだ。保健室の衝立を借りて教室に小さなトンネルをつくった。音楽室より、声は聞こえるから人の刺激は多い。しかし、すでに音楽室のトンネルくぐりに習熟してきた彼はここでも成功させた。こうして、アキ君の着替えは、自分の脳と自分の手足を使った活動へと転換した。

アキ君は、以後、私たちが仮称「対人昂進」タイプと呼ぶようになった最初である。また、アキ君は、「対人昂進」タイプの子どもたちの活動を組織する上でトンネルが役に立つということを教えてくれた最初の「教師」であった。ある種の傾向なので、どの段階にも存在する外の世界とつながる際の片寄りみたいにとらえていた。以後、いろんな段階の「対人昂進」タイプと遭遇した。その際は、いつも、ひとりでトンネルをくぐり、トンネルを抜けた向こうには大好きな「人」が待っている仕掛けが役に立った。

## 水鉄砲

それから数年後、隣の市の小学校からシモ君（「自閉」・中１・男子）が入学してきた。彼を担当したのは、大学を卒業したばかりの若い教師だった。なにしろまじめな人で、つきっきりで彼を指導した。

プールが始まる頃、彼はシモ君用に水鉄砲を買ってきたのだが、シモ君は全く興味を示さない。水鉄砲をもてあました彼は、突然シモ君に向かって水を発射した。シモ君は、ことばを発しない子であったが、水を当てられると小さく悲鳴をあげて逃げた。どんな遊びに誘っても反応しなかったシモ君が水鉄砲では別人のように反応した。私には恐怖で逃げ回っているようにしか見えなかったが、若い教師は、シモ君の反応がうれしかったのだろう。ふたりは、毎日水鉄砲で追いかけっこを続けた。

「子どもと遊べ、子どもで遊ぶな」

彼のやり方は、教育のルールに反している。私は若い教師に注意すべきかどうか迷った。私が躊躇している間にプールの季節は終わりを迎えようとしていた。廊下でふたりとすれ違った時のことだ。水鉄砲教師の横にシモ君がいる。その表情が実にいい表情なのだ。

図①　トンネルと「介入」

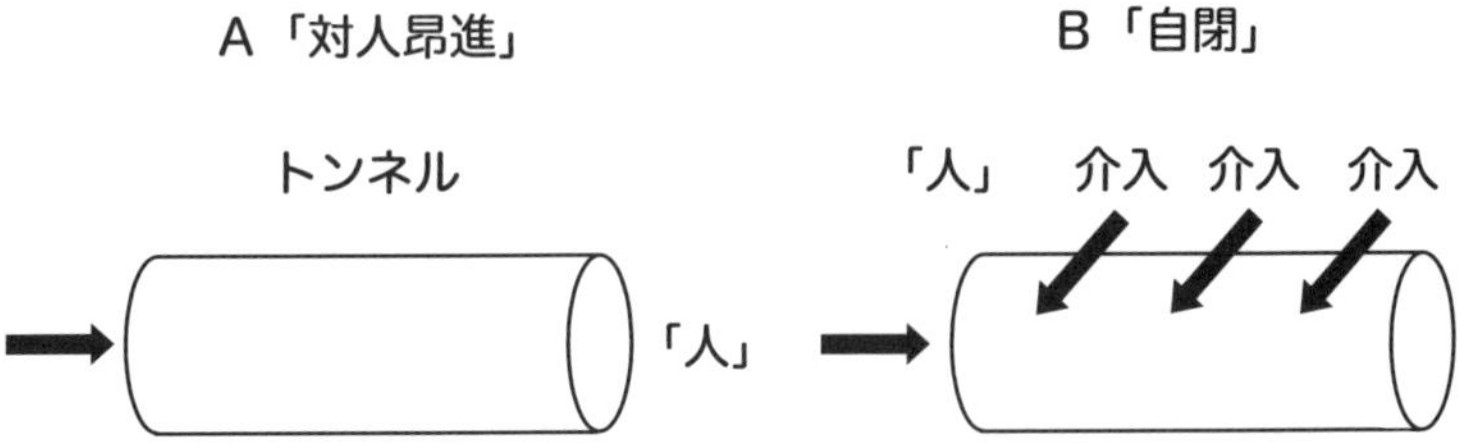


「あれっ」

つい先日まで水鉄砲で追いかけられ、顔をひきつらせて逃げ回っていたのは何だったのか。プールの後は運動会の練習が始まる。「シモ君、運動場行くよ」と、水鉄砲の教師が声をかけるとシモ君は、ニコニコしながら、まるでスキップするかのように小躍りしながらついていく。

そういうことがあるのかもしれない——。つまり、シモ君は私たちが数年前に担当したアキ君と間逆の生徒だったのだ。アキ君に「トンネル」が必要だったように、対局に位置するシモ君には「介入」が必要かもしれない。このようなことから私たちは「対人昂進」タイプと「自閉」タイプの指導仮説を図①のようにまとめた。

以上のような過程を経て、これから紹介する実践はすべて「介入」を原則としたものになっている。それは、およそ黒板の前に教師が立ち、座っている子どもたちに一斉に語りかける、いわゆる学校における「授業」とは全く異なるものになった。私たちは

「介入」の授業を失敗や挫折をさせずに1日に何十回と誉められる授業として組織した。

## 「音」がつくれる子どもの発話学習

以下は、1989年に出版された実践記録（山田優一郎著『「オーム返し」を生きた言葉に』（あずみ野書房）からの抜粋である。ここで報告する、さとみさん（中2・女子）は次のような子だった。

**●障害「自閉症」の診断**

**●行動**

・水遊び、ボール遊びに固執。
・手をヒラヒラさせる常同行動。

**●言語**

・指さし〜なし。
・歌やコマーシャルをつぶやいている。
・名前を呼ばれると手をあげるが返事（発声）はできない。
・質問に対しては答えないか、オーム返し。
・「せいの」とか「いた」「ご」などの援助を受けて「いただきます」「ごちそうさまでした」「さようなら」の3語がまねできる。

・学校での「自発語」は、確認されていない（中1「あしあと」から。特別支援学校、当時は養護学校の通知簿。前担任からの引き継ぎ記録にもなる）。

1986年4月。担任のひとりが休むことになった。日頃は3人であった学級担任が、新しい年度になってからはじめて2人体制で過ごすことになる。案の定、下校の時刻は迫ってきているのに、ふたりではどうしても終わりの会ができない。ひとりの子を座らせて別の子をさがしていると、座っていた子が廊下をウロウロ。その子をつれ戻すと、さっきの子が教室で飛びはねているという具合である。スクールバスの発車時間は近づいている。

「もういいわ。準備できた子から帰していこう」

けっきょく、教室にいる子から、ひとりずつ教師の前のイスに座り挨拶をして帰ることになった。私の記録は、「服装を整えることができていい」程度の認識だった。しかし、翌日から先生はまた3人に戻ったのに、終わりの会の形態は前日のままになった。学校生活の1日のしめくくりが、騒然とならず、ゆったりできるというメリットがあったからである。

さとみさんは帰る時間になると、私の目の前のイスに座って挨拶をして帰る。もちろん、さとみさんから挨拶をすることはないので少しお話をして、「また、明日」と握手をして玄関へ送っていく。しかし、そのうち、「ただ、挨拶を交わし、服装を直して帰すだけでは芸がないなぁ」「せっかく子どもたちが毎日私たちの目の前のイスに座ってくれるのだから、ここで何か大切な

図② 「ことば」の時間学習記録

| 学年 | 目標 | 学習期間、学習の頻度と形態 | 1コマ内での学習回数 | 最終の評価 | 実践者のコメント |
|---|---|---|---|---|---|
| 小6 | ことばをきいて、いわれたカードをとる | 6カ月（週1回）一斉学習 | 1～2回 | できない | 何をすればいいかわかっていない |
| 中1 | 身近な物で「～はどっち」と声かけ、指示されたものをとる | 4カ月（週1回）一斉学習 | 1～2回 | できない | 「どっち？」の理解があいまいで両方とる |

学習をすることはできないか」

大切なことは、短い時間でもいいから毎日学習すること——私たちが繰り返し子どもたちから学んできたことだった。

「時間は短いが毎日できる」

こうして、帰る直前の学習目標がひとりずつ決められた。さとみさんの目標は「指さし」である。

向かい合って座り食べ物がいっぱい載っている絵本を彼女の目の前に広げる。「～はどれ？」と訊いても彼女は体を揺すったり、指で常同行動をしていたり。

彼女の手をもち「指さし」の形をつくり「～はこれ」と、教えてみた。帰り間際のほんの数分である。なんと、しばらくすると彼女は「～はどれ」の質問に、「指さし」で答えられるようになった。

（1986年6月15日）

帰りに毎日、「指さし」の学習をするようになってから1カ月半目のことだった。私はびっくりした。放課後、急いで彼女のこれまでの学習記録をひっくり返した。彼女の「ことば」の学習の記録は図②のようになっていた。

もはや、これまでの実践の弱さは一目瞭然だった。彼女は「カード」や「物」の名前を知らなかったのではない。「どうしたらいいのか」がわからなかった。これまでは週1回の授業、しかも彼女が課題解決に直面するのは1コマで1〜2回しかなかった。

4月からは、同じ時間に同じ場面で「何をしたらいいか」が手を添えて教えられた。それは苦痛にならない程度のほんの数秒の介入であった。しかし、数秒が数分では5〜8回ほどになる。その回数だけ彼女は誉められた。

そして、ある日、彼女は「何をしたらいいか」がわかった。すなわち、彼女の「指さし」は、彼女がその物はすでに知っていたことを前提に獲得された……。こんなことだろうかと考えているうちに、事態は次に進んだ。「彼女は、その物をすでにことばとして、理解していた」という仮説はすぐに証明されたのである。

その3日後の出来事に私はもっと驚いた（同年6月18日）。

「さとみさん、カレーはどれ?」に対して彼女はカレーを指さしながら小さく「カレー」とつぶやいたのだ。すぐに質問を変更、今度は私が「指さし」をして「これは何?」と尋ねる。すると、彼女は「パン」と、ことばで答えた。「ケーキ」「アメ」、彼女はどんどん答えていく。応答は日に日にスムーズになっていった。

> 絵本でいろいろ言えるのでもうお父さんも妹もびっくりしてしまって、さとみより興奮してしまいました。特にお菓子のページなどほとんど指さししながら自分で言えて「すごい！」の一言。うれしいです。　1986・6・30

## 学習の方法

翌年、さとみさんは中学部3年生。終わりの会から始まった学習内容は、4月から正式な1コマの授業となった。じっと座って長時間の集団学習より、1対1の短時間の学習（介入）なら子どもたちは受け入れてくれる。そして、「何をしたらいいか」わかりやすいものとなる。

昨年の教訓をもとに授業がつくられた。それは移動しながら、すなわち、歩ける力を生かしながらの学習だった。スタート地点に一人ずつ学習の教材となるカードを準備する。カードを持ってゴールへ向かう。ゴールまでの途中に教師がいて、教師の前にはイスが置いてある。そこが学習地点であった。次のような流れの学習である。

①向かい合って座る。これは、子どもたちが自分から学習の場に来ることで子どもたちの学習

への「構え」を見るためのものである。だから、子どもたちが寄ってきたら立ったままで学習することもあるし、子どもたちが早く学習をすませて次に行きたいという時は、それはそれでよしとした。したがって、「向かい合って座る」ということはいつでも誰でもしなければならない手続きということではない。もちろん、座った以後の行動も「先生の目を見る」「運んできた物を先生にわたす」などとは決まっていない。

②子どもたちがやる気になって、寄ってきたところで、持ってきたカード、実物のミニチュア、あるいは実物を受け取り「これは何？」と尋ねる。本人が興味をもち、よく知っているものを用意した。

③「オーム返し」で答えるか、答えられない、あるいは間違った答えの場合はヒントや正解を与える。集中して答えるまで待ってから、援助する。失敗を避け援助を与え、最後は正解にして、子どもたちは誉められて次へ向かう。数秒から1分程度で学習は終わる。

④援助なしで答えた場合はもちろんのこと、援助されて答えた場合でも大げさに誉める。多少聞きとりにくくても言い直しはさせない。

⑤運びの材料がなくなったら、なくなった順に学習は終了する。

M君は途中で常同行動をしていることが度々あった。Sちゃんも彼女の「泣き」のリズムと授業時間が重なる日は座って泣き出すことがあった。このような場合でも声かけしながら、自分から立ち上がり、自分で私たちの前に座るのを待った。その間に他の子どもたちの学習を進めていく。

「学習の『構え』ができてから参加したらいい」

時間はたっぷりあって、子どもたちが「構え」を築くまで待つ時間は充分にあった。「ことば」の時間の学習は子どもたちがもっとも苦手とする座学であり、彼等が心や体を私たちに向けてくれないと、とても学習は成立しない。そのため三つのことを大切にしていた。質問を一定にして何をしてよいかがわかる／見える（Ｓｅｅ）ようにすること、課題は一人ひとり違っても学習の空間は同じにして仲間が見える（Ｓｅｅ）ようにすること、そして学習の終わりが見える（Ｓｅｅ）ようにすることである。

## 学習の頻度

週１回長時間の学習より、短時間でも毎日学習するほうが、子どもたちにとってわかりやすい。前年の教訓をもとに学習（介入）の頻度は次のようなものとなった。

月～木曜の週４日。３・４校時が「ことば」の学習。一つの地点での学習なら10～15回の学習場面が短時間ずつあり、二つの地点での学習がある時は、20～30回の学習場面と遭遇する。これは学習の頻度であるとともに誉められる頻度でもあった。

## 学習の空間

当時私が勤務していた学校は、日本でも有数の「超マンモス校」「過密校」になっていて、特別教室がつぶされて次々教室になっていた。だから、廊下さえ取り合いになる始末だった。月〜木曜の同じ時間に毎日確保できる空間はなかなか見つからない。そのうち、誰かが階段を思いついた。それも通行人のじゃまにならない階段。それが、非常用の避難階段だった。

教室での往復活動と比較すると子どもたちの歩くコースがはっきりしていてどの子も目的地に到達しやすい。しかも、途中に子どもたちを無用に刺激する人や物が存在しない有利さがあった。

## 学習の結果

さて、発話学習は、どのような結果をもたらしたか。経過を見ていこう。

「これは何？」の質問に対して、ことばで答えられることが多くなってくるにしたがい、私たちは、これが生活の中で生きたことばになるのでは……と、期待を高めていた。こちらの質問に対して答えるだけでなく、自分の意志を伝えることばにしてほしいという願いだった。12月、2学期も終わる頃にさとみさんが意思を伝えてくる日が突然やってきた。

さとみさん、Sちゃん、私の三人で公園のドリームコースのベンチに座っていた時だった。

Sちゃんが「ンーンー」と不機嫌な声を出す。

「Sちゃん、学校帰ったら給食食べて帰ろうな」

私は、不機嫌になってきたSちゃんに話かけた。すると、さとみさんが私の顔を見て指さしでリズムをとりながら、

「エプロン」「バス」

一つ一つ区切るようないい方だったが「エプロンをして、給食を食べて、バスに乗って帰りたい」という意味なのだろう。（1986年12月19日記録）

---

突然のことに私は興奮した。そして、連絡帳いっぱいに公園でのようすを書いた。翌日、母親から次のような返事がきた。もうすぐお正月、希望に満ちた年の暮れとなった。

> 先生にお話できたなんて本当にうれしくなりました。なんとほほえましく、すてきな情景でしょうか。これから学校でも家でもこんな場面がどんどん増えると、さとみ自身も周囲の者も新しい人生が開けるような気がします。1986・12・20

この時、質問に対して答える学習の量的蓄積だけで、生きたことばをどんどん獲得していくか

図③　さとみさんの「自発語」回数

| | |
|---|---|
| 1986年12月 | 4回 |
| 1987年1月 | 1回 |
| 1987年2月 | 1回 |
| 1987年3月 | 0回 |

＊「自発語」：学習場面以外で、何かを伝達するために自ら発したことば。

のように思われた。しかし、そうはいかなかった。冬休みが明けて、期待した3学期の結果は次のようなものであった。（図③）
これはこれで貴重なものだった。名前を呼ばれても返事さえできなかった彼女がまだ少ない回数ではありながらも、自分から何かしゃべってきたのだ。
しかし、私たちは、この頃になると子どもたちがことばを知っていて「言える」力と、それを生活の中で、対人関係の中で「使う」力とは別の力を必要としているのではないか、と考えるようになっていた。示された物をことばにできる力、それだけでは、生きたことばにならない。自分の願いを伝えることができる生きたことばにしよう。こうして、新しい年度からさらにもう一つの新しい質の学習が用意された。

## ことばを必要とする生活をつくろう

新しい学習は、次のようなものになった。
①生活（1日の学校生活）の中で、何か言わなければならない場面をつくる。

例

・給食の時スプーンを配らない状態にする。「スプーン」
・カバンかけの位置を背の届かないところに変更。「かけて」
・彼女は登校してくると教室の電気をつけるのを日課としていたので、彼女の登校まで電気をつけずに待っている。「電気」
・あいさつ。「おはよう」「さようなら」「いただきます」「ごちそうさま」
・彼女がトイレに走っていく時「どこ行くの？」「オシッコ」など

②生活での学習場面は一度にたくさんつくるのでなく、少しずつ増やす。さとみさんは、最初13場面を用意。2週間してとまどっているようすがあったので8場面に減らした。最終的には毎日20場面が用意された。

③しばらく待ってできない時は、躊躇なく援助する。慣れてくるにしたがい援助を少なくしていく。

例

・「かけて」――「かけ」――「か」――「……」

④いずれの場合も大げさに誉めて目的を実現させる。多少聞きとりにくくても言い直しはさせない。

図④　さとみさんの「自発語」回数

| | | | |
|---|---|---|---|
| 1987年4月 | 4回 | 1987年8月 | 夏休み |
| 1987年5月 | 6回 | 1987年9月 | 19回 |
| 1987年6月 | 10回 | 1987年10月 | 28回 |
| 1987年7月 | 6回 | 1987年11月 | 36回 |

＊学校における登校〜下校までの記録

バス停から家まで疲れも見せず一気に早足で歩くのでこっちの方がしんどくて「さとみ、待って」のくり返し。私が立ち止まった時「行こう」と何度か言えました。　１９８７・３・５　連絡帳

部屋のもようがえをするためみんな別の部屋でばたばた。さとみはひとりぽっちで放っておかれ淋しくなったのか、私をひっぱりにきて「行こう」　１９８７・11・16　連絡帳

新しい質の学習により、さとみさんは自発語をどんどん増やした。（図④）

## 「ことばは車の運転」～教習所運転と路上運転

①特定の場面における同じ質問の繰り返しによって、子どもたちは、今、自分が何を要求されているかを知ることができる。しかも、目の前に提示されているは自分の興味があるもの、自分

が知っているものである。その都度、誉められ、それが何度か繰り返される。運ぶ材料がからっぽになったら終わりであり、どの子にも学習の終わりがわかりやすい。発話学習が終わったら給食が待っている。子どもたちは、小さな目標、大きな目標に向かって苦手なことに対するエネルギーのコントロール、力の集中の仕方を学ぶ。一瞬にして目の前の物を判断し、思考し、ことばを選んで発する。それはほんの数秒の集中である。しかし、このような学習は、すでに走りやすいコースが用意された上でのいわば教習所のコースを走る運転、困った時にはいつでも援助する教官つきの運転である。

②上記の学習だけでは路上における単独運転（自発語）にはまだ距離がある。①の学習で習得した単語は、実際の生活の中で場面に応じたことばを使う練習、いわば路上運転の学習が必要であった。ここでもまだ教官の援助を必要としている。しかし、教習所内での運転よりは、はるかに難しい。考えている途中に友達が後ろや横を通り、ことばを探すどころでない状態になることがある。すでに気になることが眼中に飛び込んでいることもある。したがって、私たちの経験では原則、①→②の順となった。いきなり路上運転で発話を迫るのではなく、教習所での学習を先にした。

＊家庭での学習

①の学習は二つのイスと二つの部屋、子どもが確実に知っていると思われる絵カードがあれば、家庭での学習も可能である。②の学習は、①でさっと言えるようになったことばが対象。すでに言えるようになっ

たことばが必要となるようにさりげなく不便な環境をつくる。ここでは子どもがことばをさがしている間、待つことが重要である。

②の学習は、たいていの場合、最初は上手に言えないので、子どもが困った表情を見せた時、躊躇なく援助して失敗(挫折)させずに成功させる。援助方法は、前述のとおり。①②とも、子どもがいやがる「介入」となる時は、学習として成立しない。

子どもたちは①の学習によって、すでに知っていることを発話できるようになる。いわゆる「コマーシャル語」「オーム返し」といわれている子どもたちのことばは、思考をくぐらせず、まるで反射鏡に当たったライトのように音が返ってくる。

さとみさんが14年間、コミュニケーション手段としての発話を獲得できなかったことから考えると、一瞬で目の前の物を判断し、思考をくぐらせて音にする学習を彼女は必要としていたのかも知れない。したがって、音をつくれる子どもたちは、それが、思考をくぐらせた発話になった時、生活年齢に関係なくコミュニケーション手段としてのことばを獲得できる可能性があると思われる。一連の過程を何度も誉められながら、共感関係の中で学習する。

いよいよ、その次にコミュニケーション手段としての発話への展開を準備する。すなわち「路上運転」へ移行する。

同時並行で進めたもうひとりの音がつくれる生徒(女子)も、同じ過程を経て生活の中で使用することばを拡大した。彼女たちの発話獲得の経過は、ことばにあふれた環境にいるだけでは、ことばはまだ取り込めるものとはならなかったことを示している。目の前の物を一瞬で判断しことばにできる段階、すなわち反射鏡から抜け出して、やっとことばは彼女たちのものとして登場した。

しかし、それでもまだコミュニケーション手段としてのコトバの獲得には、少し距離がある。生活の中で、したいけどできない環境が用意されて、すなわち、すでに獲得されている力が暮しの中で展開できる機会に遭遇して、やっと彼女たちの発話はコミュニケーション手段としてのことばとなった。その最後の局面まで、丁寧に準備される必要があったといえる。

## さとみさん、中学部3年生の夏、職員室は沸いた

> 今朝、コーヒーを飲んでいる時、ミルクがたりないので「お母さん」と呼びかけたのでびっくり。思わず「ハイ、何ですか」と言うと2～3度「お母さん」。こういう言い方ははじめてです。
> 1987・7・4　連絡帳

彼女は15年かけて、ついに「お母さん」と呼びかけた。

ことばがふえていくのはほんとうに親としてもうれしく楽しみなことで、さとみの〝ひと

言〃が、どんな苦労をもふきとばす力をもっているとしみじみ感じます。だからこそ、生きていけるのだとも。1987・7・8　連絡帳

第2章

# 「音」がつくれない子どもの発話

## 音声言語にかわるコミュニケーション手段としての「サイン言語」

## 「音」がつくれない

さとみさんが卒業した年、ヒデ君（中学部2年生）がクラスにきた。彼は困ったことに教師のスキをついて、度々学校から逃走する。安全に歩道を歩けたらいいのだが、信号を守っているどうかもあやしい。何しろいつも住民からの通報で迎えに行くから、彼がどんな方法で交差点を横切っているか誰も知らない。

緊張の日々が続いた。新学期が始まったばかりの4月、私は、ふと彼の姿が教室から消えているのに気が付いた。私は、全力で職員室へ走った。彼はすでに有名人、彼がお菓子欲しさに職員室へ行くことを知っていたからだ。5分探して見つからなかった時は、校内に緊急放送をかける。それで見つからなかったら、再度の緊急放送でクラス1名の教師が校外にも走る。登校後の交通事故は、重大な事件となる。

しかし、最初の彼の逃走は成功しなかった。後で状況を聞くと彼は、玄関のロビーの大きな柱に隠れ、私が走りすぎるのを待って、悠然と外のフェンスに向かって歩き出したという。一部始終を見ていた教師がいて一件落着となったのである。教師の一瞬のスキを見て教室を抜ける。そして教師の動きを事前に予想して作戦を練る。

なのに彼は、不思議なことにいわゆる「話しことば」が全くないのである。「いただきます」も「おはよう」も「パパ」「ママ」も全く言えない。音をつくることができないという表現がぴったり当てはまる。

とってもきれいな目をしたかわいい男の子であった。小さなオモチャをいつもポケットに入れていて、自分の唾《つば》で遊ぶ。「自閉的傾向」と診断。

毎日が緊張の連続で他の子どものようすが目に入らない。何とかならないものか。せめて逃げだす前に「～が欲しい」「～へ行きたい」と伝えてきてくれたら相談に乗れるのに……。それができたら、「見張る」「見張られる」関係から脱却し、お互い平和に暮らせる。そして、何より彼の願いは叶い彼の自由は拡大される。それこそ、石でも葉っぱでもよかった。私たちは彼の思いを受け取るツールを必要としていた。

以下、山田優一郎「音声言語にかわるコミュニケーション手段の獲得についての実践研究」(1989年度青鳥会障害児教育研究費補助論文)、「自閉性障害児のサイン言語獲得」(『障害者教育科学』18号、科学的障害者教育研究会) の記録から、ヒデ君のその後を追う。

## ■5月1日

ヒデ君の大好きな「パン」を彼の目の前において「パ」の音を出させようとする。ヒデ君はパンが欲しいから必死に音を出そうとする。しかし、彼の音は「モオー」に近い音であり、とても「パ」にはならない。パンではなくお菓子を目の前において「オ」の音を出させようとしても出るのは同じ音であった。彼は食べることが大好きな子どもであったから、口に力を入れて、必死に私の音を真似しようとする。しかし、何度しても結果は同じであった。

「こんなに一生けん命なのに……どうしてだろう」

「パ」とか「オ」とか言う音は一般的に出しやすい音である。彼はもう、中学2年生。こんなことは、これまでいろんな機会に学習してきたに違いない。

「また、この子に挫折を味わせようとしている」

彼が一生けん命努力すればするほど、私の中に後悔が広がった。

「もういいよ。ヒデ君終わりにしよう。かしこかったね」

本当に、もう二度とやめよう。彼に音声言語の獲得を迫るのは彼の努力の限界を超えている。

## 「文字」と「シンボル・ランゲージ」

ヒデ君は、「ア」「イ」とかの音の弁別もできているかどうか疑わしかった。弁別ができないと発音でも区別できない。音の弁別の困難さは音が消えることにあるのかもしれない。ことば、すなわち音は一瞬にして子どもたちの前を通り抜け、姿を消す。

ならば、「聴いて」ではなく、「見て」区別がつけられるものならどうか。それなら、必要なだけ子どもたちの前に提示することができる。より弁別がしやすいもの、そして一瞬のできごとではなく、可能な限り姿を消さないもの。

こうして二つの方法が探られることになった。

①一つは、「文字」によるコミュニケーションの可能性についてである。

もし「文字」を獲得することができたら、必要なこと欲しい物があれば、それを紙に書いてもいいし、伝えたい人の手のひらに書くこともできる。

しかし、彼は線の上をなぞることもできなかった。手を添えてコツを教えても、彼は手本となる文字をなぞることができなかった。下の線とは全く無関係に線の往復を書く。

②残る一つは、シンボル・ランゲージ、図形によるコミュニケーションの道である。

マグネットシートを○の形と、◇の形に切り抜く。これをヒデ君の前に二つ並べる。結びつける名詞は、○がおもちゃの玉、◇が「お菓子」のシンボルであった。

ヒデ君はすぐ覚え、2日目には「お菓子」を示す（ことばも添えて）と確実に◇のマークを取るようになった。3日目には、三つのシンボルの中から100％、お菓子のシンボルが選べるようになった。

ヒデ君の学習結果に私は期待を寄せていた。音を発することができない子どもたちのことばに、一つの可能性を切り開くことになるのかもしれない。しかし、翌日、ここまでの実践を根本からくつがえす事件が起きた。

## ■5月9日

スクールバス発車直前。帰る間際のことである。

もう、バスに向かわないと間に合わないという時に、ヒデ君は突然立ち上がり、走り出そうとする。

「今、逃げられたらバスに間に合わない」

私は必死に止めた。でも、彼はしつこく行きたがり、私の腕の中でもがく。

「もう、いいわ。バスに遅れたら車で送っていこう」

私は手を離した。私の手から逃れると、彼は庭の石を拾って帰ってきた。石ころがヒデ君の常同行動をする時のオモチャであることを私は知っていた。

「なんや、それが欲しかったのか」

「石が欲しかったら、言えばいいのに」

「なんぼでもあげるがな……」

彼は石をポケットに入れてスクールバスの待つ玄関へ走っていった。

帰り間際の小さなトラブルは、ひどく私の胸をつきさした。欲しかったら、言えばいいのに……。それができないばっかりに、彼は私に自由を制限された。学習は子どもたちの自由を拡大するためにある。いつでも言いたいことを相手に伝えることができる手段こそが必要だったのだ。

このように考えてくると、シンボルを使った学習はヒデ君には不適切だった。自由に歩いて走り回るヒデ君に、いくつものシンボルをもち歩かせることはできない。いくら学習場面でできたにしても、必要な時に自分の思いを伝えることができない「ことば」では意味がない。こうして、シンボル・ランゲージの実践はあえなく幕を閉じた。

しかし、シンボル・ランゲージの学習は、ヒデ君にとって形は音より弁別しやすいこと、しかも、事物やことばと結び付けて表現できることも可能、つまり、それを使って何かを伝達することの可能性を示していた。

## 「手話」から「サイン言語」へ

子どもたちがより自由に、より幸せになる学習、そのためには必要なことを必要な時に相手に伝えることができるものでなければならない。そして、子どもたちにとってわかりやすい学習となるためには、音より弁別が可能で、音より容易に表現できる新しい手段が必要だった。

もう、後がない。すぐに次の実践に取りかかった。それは手話である。何冊かの「手話辞典」を職員室に常備した。すでに、学習のシステムは、音がつくれる子どもたちの実践でできあがっている。

**■5月11日**

これも大好きな「お菓子」の学習からスタートした。手話では、「お菓子」をつまんで口にもっていく動作である。これは、私たちにとってはごく簡単な手話である。それは、お菓子を食べるイメージがあり、お菓子を食べる「つもり」で表現することができるからである。

しかし、彼はそれができなかった。手を添えると指でつまみの形をつくることは可能であったが、それを口にもっていく動作の繰り返しができなかった。ようするに動きで何か表現するのが難しかった。「お茶」も同じであった。手話では、右手で茶わんの形をつくり、それを左手のひらでトントンさせる。ところが、茶わんの「つもり」で輪をつくることも、左手のひらでトントンさせる動作も困難であった。

彼はどうしていいかわからずにとまどっている。ここでの学習は何度も繰り返される。明日といわず、できることなら、次の学習場面からでもこのような状態からは脱却しておくことが必要であった。彼の混乱は私の混乱でもあった。音より「形」は弁別しやすい、実際、彼は先日までお菓子のシンボルを選べていた。それが手話になるとこんなに混乱するのはなぜか。

「どうしよう」

もう、挫折を与えてはならない。こうして手話の中から、彼が困難さを示した「動き」が省かれた。それは、動きのある手話ではなく指を使った形になった。「お菓子」の手話は、両手の親指と人さし指で菱形（ビスケットの形）をつくるサインに、「お茶」は左手のひらに拳をおく形、静的なサインとなった。（図⑤）

手を添えながら、形を作る。模倣ができない時は、手を添えるとわかりやすい。これは、さとみさんの「指さし」の学習で学んだことだった。ヒデ君は初日の学習で、最後の2回は事物を見

図⑤　静的なサイン

ただけでサインをつくることができた。しかし、まだ不安が残る。数時間たったら忘れていないだろうか。

私の方針も揺らいでいた。そんな心配をよそにヒデ君は、翌12日、「お茶」のサインを最初から成功させた。「お菓子」のサインはまだ×や△があったが、2日後には「お茶」も「お菓子」も連続成功させた。同じように「くつ」「パン」「おもちゃ」（彼が常同行動に使うものの一般をさす）も、手話を語源にしつつ、彼が表現しやすいようにアレンジしてつくっていく。アレンジは、「手話辞典」を引きながら、前もってつくる。しかし、それでもなおうまくいかない場合もある。

「子どもにわかりやすいことが第一」

手話をアレンジしたもので、学習はスタートするが、手を添えて何度か学習してもそれがむずかしい場合、また、私たちがアレンジしてきた形がどうしてもつくられず、彼が別の形をつくった場合はそれでよしとした。だから一つひとつのサインは、ヒデ君と私たちとの共同作品である。以後、他の子どもたちのサインづくりも、私たちはそれを原則とした。

## サインを生きる力に

彼が最初に学習したサインを使う日がきた。はじめの頃はこんなものであった。

> 昼食時に、しゅう君のパンをとろうとするのでタカミツTが「なに?」と聞くと「パン」のサイン。　5・27

彼が学習したサインを自発語として送ってきた場合、最初のうちたいていはそれを実現させるようにした。同時に、学習で獲得したサインは、それが生活の中でも生かせるように生活の中での「路上運転」を組織した。「知っていること」とそれを「使うこと」はイコールではない。「教習所内での運転」と「路上運転」が必要なことをすでに私たちは学んでいた。

最初の頃、彼が「お菓子」のサインを自発的に出してきた時、少しだけあげて目的を実現させた。2~3回、練習してサインによって自分の要求が実現できることを彼が理解したらそれで充分だった。彼が「お菓子」のサインを出してきた時、「あとでね」とか「何曜日に誕生会があるから、みんなで食べようね」という声かけで彼は納得し、いつもの遊びに戻ったからである。「服」のサインも同じように学習した。サインをすると、先生におおげさに誉められる、そして彼の要求は実現される。

しばらく、このような学習を続けた後は、もういちいち回りが気を付けなくても彼は大丈夫だった。子どもによっては、しばらくロッカーの前に立っていたり、私たちの周りをウロウロしたり……という場合もあった。私たちは意識をそこに集中させながら、わざと他の仕事をしたり、他児と関わったりして、子どもからの自発的な「ことば」や「サイン」を待った。

学習したことを生活で生かせるようになるためには、この「援助」と「待ち」のタイミングは非常に重要であった。「思考」している間に援助してはならない。かといって失敗させてもいけない。一番神経を使う難しい場面である。やがて、ヒデ君は、現物がないところでも、それが欲しい時はサインで伝えることができるようになった。

> 給食後、玉を転がして遊んでいる途中に突然「お茶」のサイン。(6・18)
> 私が「ブランコ行こう」と誘い、途中他の先生と立ち話をしていると「ブランコ」のサイン。(6・18)

サインの獲得により、彼の生活も便利になっていく。例の「おもちゃ」事件から1カ月半。

帰り、おもちゃを自分のカバンの中にいれるように「おもちゃ」のサインを出して訴える。

「くつ」「お薬」「牛乳」「しょうゆ」「バス」「おはし」「バンドエイド」「だっこ」……。ヒデ君と私たちとの共同作業は続いた。学習が進むにつれて、給食の時間はサインのラッシュになった。

**■10月23日**

「『おはし』ちょうだい」
「『お薬』ちょうだい」（給食の前にいつも飲んでいる薬）
「『牛乳』あけて」
「（やきそばを）『あっためて』」
「『パン』ちょうだい」
（そのままあげると）「『バター』ぬって」
「（パンを）『あっためて』」
（自分のパンを食べ終わると今度は先生の）「『パン』ちょうだい」

＊『　』の部分がサイン

## 伝える力は、人を変える

彼が学習したサインは彼の生活の場所である児童福祉施設（学園）にもその都度、学習を開始する単語とサインの形を連絡帳で知らせていた。やがて、彼は居住空間でも、サインを使い出した。

> 夕食も全体に手をつけて3分の1ほど食べました。「お菓子」のサインをよくしていました。
> 6・19　連絡帳

> 夕食時、「お薬」のサインにより、薬を服用させるとおかわりの「お茶」のサインをしたため、お汁で飲むように言うと半分程飲みました。
> 11・13　連絡帳

> 就寝前の着替えの時、職員が近づくと就居室内をウロウロとして逃げるのです。着替えが終わって近づくと「だっこ」のサインをしているのでだっこしてフトンに入れるとおとなしく寝ています。
> 11・28　連絡帳

ところが3学期、突然彼は登校することができなくなった。学園から冬休みに実家に帰省したまま、学園に戻らなかったからである。それは彼の母親の意志によるものであった。年が明けて2月末。学級の教師たちが彼の進路を相談するために、彼のおばあちゃんと会った。彼がサインの学習をすることができなくなってからすでに2カ月は経過している。しかし、ヒデ君の実家での生活は意外な結果をもたらしていた。

「サインでいろいろ伝えてくるのですよ」

おばあちゃんは、「だから、ぜひ、高等部へは進ませたい」と、進学を強く希望した。おばあちゃんの話によると、彼は学習したサインを忘れるどころか、サインを実家で使っていた。彼のサイン学習を生活の場所である学園（居住施設）には知らせていたが、帰省先には知らせていなかった。だから、彼のサインの意味を家族は知らないはずである。しかし、彼は自分の力で自分のサインの意味を家族に伝えることに成功していた。

そして、彼の「ことば」を聞いて、家族は教育の意義、高等部教育の意義をつかんでいた。まだ、社会に障害児たちの高等部教育に関して「こんな子をあと三年教育して何になる」という空気が残り、高等部への進学を躊躇する親もいた時代だった。相手に何かを伝えることができる力、それは自分の願いを実現するためだけにあるのではない。ヒデ君のサインは、周りを変える力にもなっていたことを知った瞬間だった。

## サイン言語学習をめぐる実践上の論点

私たちの実践集団は一連の実践を毎年、学校の研究紀要に投稿した。報告をまとめる過程でいくつかの論点が以下のように整理された。

## サイン言語学習の対象児について

（1）音がつくれない子どもたちを対象とした。

（2）そのうち、身近な物の名前を理解（言語理解1歳半超）している子どもたちを対象とした。理解の程度を何で測定したか。

①まず、過去の発達診断の結果があれば「身体各部」「絵指示」の（＋）で対象とした。（77・78ページ参照）これは、引き継ぎの資料だけで判断できた。

②「とってくるテスト（ことば）」で（＋）になれば対象とした。

指さしが苦手という子がいることがわかり、1年目からこの方法を採用した。

**方法**：毎日、接している物（「パン」「お茶」「くつ」など3種類）を少し離れたところに並べる。「〜とってきて」とか「〜ちょうだい」と声をかける。ここでの「〜」は、ことばである。

③「とってくるテスト（実物）」で（＋）になれば対象とした。

「小頭症」による軽い運動マヒ（当時中1）の女子（第6章、131ページ参照）がいて、②のテストで（−）となりサイン言語の対象とはならなかった。しかし、担任から実物を示せばとってくるとの報告があり実物方式を追加した。

**方法：**実物を3種類②と同じようにセットする。そして「（実物を見せて）これと同じものをとってきて」と声をかける。担任からの報告どおり、このテストで彼女は見事（＋）となり、二年目からサイン言語の対象となった。彼女はサインの学習場面でもカードではなく、実物（またはミニチュア）を必要としたが、すごいスピードでサインを獲得し使用した。サインの獲得と反比例して生活の中での泣き叫ぶ、いわゆる「パニック」が激減した。

したがって、サイン言語はことばをもたないすべての子どもに有効なのではなく、

①一定の言語理解ができていながら、

②音声言語が獲得されなかった子どもたち、

ということになる。もちろん、「手話」や「文字」（トーキングエイド）、「絵」など、より多くの人に通じるコミュニケーションツールを獲得できる可能性があればそれが優先される。しかし、私たちは、子どものたちの自由の拡大という視点から、「いつでも、どこでも」伝えられることを優先した。

## 何から学習するか

私たちのサイン言語の学習は名詞を中心に進めてきた。それは、名詞を獲得することにより子どもたちのたいていの願いは通じると考えていたからである。たとえば、何かが欲しいというし

ぐさだけでは、実物がそこにないと何が欲しいのかわからないことがある。しかし、「〜〜」という名詞のサインだけで、現物がそこになくても今何が欲しいのかを周りは知ることができる。名詞の中で何から学習を始めるか。私たちはほぼ二つの基準を作った。

①どのような名詞を獲得することにより、彼の自由が広がり、おおげさに言うと幸せになるかという観点。だから、彼の好きな物、こだわっている物から順に選んだ。ヒデ君で言うと、「お菓子」や「おもちゃ」「ブランコ」などがこの観点から用意された。

②どのような名詞を獲得することにより、生活の中での交流（「介入」）が、より頻繁になるかという観点である。「服」とか「くつ」とか「かばん」とかのサインはこの観点から選ばれた。たとえば、くつを下履きから上履きへ、上履きから下履きへ履き替えることは毎日のことである。それらのサインを獲得することにより、生活の場でのサインを使用する場面（量）が飛躍的に増える。

## サインづくりは共同作業

サインは、ひとりひとりの子どものつくりやすさ、子どもにとってのわかりやすさを優先した。

①手話をアレンジし、動きを省き「静」的な形を準備して学習場面に望む。

②それで学習はスタートするが、アレンジしてきた形がどうしてもつくられず、子どもが別

の形をつくった場合はそれでよしとした。

学校教育には終わりがある。彼に万物のサインを教えることはできない。共同作業としてサインをつくることは、彼が将来、新しいサインを必要とした時、自分でサインをつくり出し、自分の意思を伝え、自由を拡大していくために必要なことであった。

## 共通語と方言

上記の①、②の基準でサインをつくると、そのサインが伝わる範囲は、彼のサインが何を意味しているのか知っている人に限られる。私たちは子どものつくりやすさ、彼の理解のしやすさを優先した。周りの人たちは彼のサインの意味を知る努力が必要となる。しかし、周りの人たちが彼のサインの意味を知る努力は、彼が音声言語を獲得するための努力に比べるとはるかに少ない努力ですむしスピードも速い。話しことばにも共通語と方言があるように、私たちは、サインを彼の周辺で伝わる方言と位置付けた。

そうしながら、諸科学の進歩と彼の発達を待っていずれ共通語、すなわち、「音声言語」や「手話」「立体文字」などの方法が探られる時がくるかもしれない。しかし、その際は「これは、どう?」と彼の声を聴きながら、彼が持っている力に依拠しつつ、何をコミュニケーション手段として自由を拡大していくかは、彼自身の決定に委ねられることになる。

## ヒデ君、その後……

サインを学習する3カ月前、学校から抜け出し警察に捜索願いを出す事件があった。夕方遅く寒空の中、全教師が総出で探し回っていた。しかし、ヒデ君は教師たちが捜索していた地域とは全く別の地域にいた。スーパーのお菓子を失敬し、お店の方の通報で発見されたのだった。彼がパッと走り出すと私たちは反射的にそれを止める。それは彼の命を守るために必要なことであった。

しかし、こうして何が欲しいのか、何をしたいのかがわかると、私たちが彼をあわてて止める必要はなくなった。彼は、前よりも自由になった。

ヒデ君　「『お菓子』ちょうだい」
私　「『あとで』、今はないの」
私　「帰ったら『ハサミ』あげようか」
ヒデ君　「『お菓子』がいい」
私　「『日本橋』しようか」
ヒデ君　「うんん」と不機嫌な顔をする。
私　「じゃ、学校帰ったら『お菓子』あげる。『あとで』」

＊『　』部分がサイン

納得すると、彼はニコニコと遊ぶ。２学期、公園での会話である。この約束を私が忘れていても彼は平気であった。私たちは彼の気持ちを聞くだけでよかったのである。おかげで、私たちも自由になった。一年で彼は25個のサインを獲得し、生活の中でも使用した。サイン獲得以後、彼は、卒業まで一度も校外へ飛び出すことはしなかった。

第3章

# 発話で世界を切りひらく

## 40年前の衝撃、「中核機制」

私は、有馬温泉近くの中学校に勤め始めたばかりだった。学校へは宝塚駅から1本のバスでしか通勤できず、朝の時間はいつも混み合っていた。混み合うバスの中で隣に座っていた小学校の先生がバッグの中から「これ、読んだことある?」と小さな雑誌を取り出した。「よかったら、どうぞ」。

通勤途上の些細なできごとが、私の人生を大きく変えるとは、思いもしなかった。さっそく、職員室でページをめくる。すぐに研究会の案内が目に飛び込んできた。障害児教育の世界にこんな研究会があるのか。中学校の社会科教師として採用され、3年間の約束で障害児学級を担任していた私には、研究会なるものの存在事態が驚きだった。

当日、研究会の会場はどこも人であふれ返っていた。こんな大勢の人前で講演されるのだから、年配の男の先生に違いない。私はなぜかそのような先入観をもっていた。ところが、私の予想に反し、演壇にさっそうと登場してきたのはおかっぱ頭の女性の方だった(当時、京都府立大学にお勤めだった長嶋瑞穂氏。後に島根女子短期大学、高知大学)。私は一瞬、驚いたがその話の内容にクギ付けとなった。

「発達の基本的なすじ道はすべての人間にとって共通である」

障害児をこんな風にみる理論があったのか。私は、何度も体がふるえた。

その日の帰り道、私は社会科の教師には戻らず、生涯、障害児教育を続ける決意をした。そして、やっかいな宿題をかかえた。それが「中核機制」である。「中核機制」とは何か。私が受けたイメージは次のようなものであった。

子どもは、発達とともにできることが増えてくる。しかし、「〜ができる」ことの背後には、それを可能にしているメカニズムがある。子どもたちの「できる」ことの背後にあって、「できる」事象をコントロール（機制）しているもの、それが「中核機制」である。「中核機制」が変われば、すべてが変わる——衝撃的な話だった。果たしてそのようなものは存在するのだろうか。もし、そのようなものが存在するのであれば、私が担任している子どもたちも一挙に変わる。ことばも出るかもしれない。私はどうしても知りたかった。ところが、「中核機制」という考え方はその後、奇妙な運命をたどることになる。

「中核機制」のストーリーは、琵琶湖のほとり近江《おうみ》学園から始まる。

近江学園。1946年、戦争孤児、精神薄弱児を対象として滋賀県立近江学園として設立された。戸崎敬子（1997）[*1]は、次のように記述している。

「近江学園は、一施設として先駆的意味を有するのみでなく、戦後の精神薄弱児者の発達研究、施設体系の創造等においてきわめて重要な役割を果たしてきた」

初代園長は、糸賀一雄である。少し年配の福祉関係者なら糸賀一雄の名前を知らない人はいない。糸賀については、平成27年度介護福祉士試験の問題として次のように出題された。

問題：糸賀一雄の「この子らを世の光に」という思想に該当するものとして、最も適切なものを1つ選びなさい。

1. 経済的に生活できる社会的自立を保障する。
2. 人間の発達を保障する。
3. 困窮状態に応じて最低限度の生活を保障する。
4. 障害者の職業の安定を図ることを保障する。
5. 自由を制限する身体拘束の禁止を保障する。

正解は2である。「人間の発達を保障する」という今では当たり前の考え方が、福祉をめざす人たちの一般常識として問題に出題されるほどまで普及するには、糸賀の他にもうひとりの人物を必要とした。滋賀大学（当時）の加藤直樹（1976）[*2]は、糸賀一雄を中心とする近江学園の実践と、「それとは相対的に独立した系統的な研究活動が必要であった」としている。

その中心を担ったのが京都大学の田中昌人[*3]だった。田中は、近江学園研究部における障害児の実践研究、大津市を中心とした地域での乳幼児検診などで得られた知見をもとに独自の発達理論をつくりあげた。現在は、「可逆操作の高次化における階層——段階理論」（以下「階層——段階」理論）という、なんとも長い名前が付けられている。

## 発達には節がある

もともと、「中核機制」という概念は田中の「階層――段階」理論の初期に編み出されたのであった。私はすぐ長嶋瑞穂の論文[*4]を取り寄せた。長嶋（１９７４）による田中の当時の「階層――段階」理論は、概略以下のようなものである。

田中らは、〈A〉薬剤に対する感受性の強い時期、〈B〉誕生の季節差が発達に及ぼす効果の消長、〈C〉大脳皮質――末端投写活動を把握できると考えられるバルブをにぎる「調整」課題の結果、〈D〉K式テストにおける普通児と障害児の通過率、〈E〉子どもの危機的現象の現れる時期、などから、人間発達の分岐点、転換点をとらえた。

人が赤ちゃんから大人へとなる過程には、いくつかの発達の節（質的転換期）があり、幼児期までに三つの「階層」と、それぞれの階層に小さな「段階」があるとした。そして、「階層」は回転、連結、次元と名付けられ、その中にある「段階」が決定された（図⑥、57ページ参照）。

これだけでも、私たちは教育にとって極めて重要なことを知ることができる。それは、人ができることは、やさしいことから難しいことへ順番に進むこと、人間の発達は平坦に進むのではなく、いくつもの乗り越えにくい節（「転換期」）があること、障害児たちが、節を乗り越えるためには、一層緻密で丁寧な教育を必要としていることなどである。しかし、それにもまして、私が最も心を打たれたのは彼らが次のことを明らかにしていたことであった（長嶋１９７４）。

①人間が人間となっていく発達過程においてすべての人は共通のすじ道を歩く。すなわち、「はいはい」→「片手支えで歩く」→「歩く」という基本的なすじ道は、すべての人にとって共通だとしたのである。

②発達に障害のある人たちは、児童期までのどこかの質的転換期において何らかの原因によって、量から質への転化をし得なかった人びとである。

発達に障害ある人たちは、普通であるといわれる多くの人びとが通過してきたどこかの発達の節で「足ぶみ」している状態だとした。

後に東京都立大学の総長となる茂木俊彦（２０００）[*5]は、彼らの研究を通じて「健常児と障害児の差異を明らかにするというよりは、むしろ根底にある共通性・普遍性を引き出してくるという研究のあり方」「つまり、今はある段階にとどまっていて時間がかかっているけれども、いずれ必ず次のところへ飛躍していく存在として知的障害の人をとらえるというとらえ方」をはじめて知ったと述懐している。

しかし、彼らの研究はこれに留まらなかった。「発達のそれぞれの領域に表れる、発達の事実をもたらす中心的な働き、メカニズムを明らかにすることこそが、発達理論の研究課題である」（長嶋１９７４）と、自覚していたからである。それはなぜか。彼らは、障害児を含むすべての子どもの「発達保障」をめざしていた。発達を権利としてすべての子に保障していくためには、

図⑥　発達の質的転換期

| 質的転換期 | 中核機制 | | 年令 | 目やすになる活動 | | |
|---|---|---|---|---|---|---|
| | 階層 | 操作特性 | | 認識の層 | 動作の層 | 行動の層 |
| 嬰児第1転換期 | 回転 | 回転軸<br>1可逆 | ~4週ころ | ・声、音に身動きやめる。<br>・授乳後顔全体でほほえむ。 | ・手、握ったまま。<br>・ガラガラを持たすとすぐ落とす。 | ・伏臥位で脚を屈伸し、時々頭を上げる |
| 嬰児第2転換期 | | 回転軸<br>2可逆 | 9~12週ころ | ・話し声の方へ頭を向ける。<br>・手を上に出しながめる。 | ・手をひらいている。<br>・ガラガラを持たすとしっかり握る。 | ・伏臥位で尻を落として、頭を長く上げている。 |
| 嬰児第3転換期 | | 回転軸<br>3可逆 | 17~20週ころ | ・相手になるのをやめると不機嫌になる。<br>・「イナイイナイバー」に反応。 | ・両手を触れあわす。<br>・ガラガラをもぎとろうとしても離さない。 | ・伏臥位で腕を伸ばして体をつっぱる。 |
| 乳児第1転換期 | 連結 | 示性数<br>1可逆 | 24週ころ | ・知らぬ人に向かって人みしり。<br>・他の人に向かって自ら発声する。 | ・積み木を手から手へ持ち替える。 | ・ねがえりをする |
| 乳児第2転換期 | | 示性数<br>2可逆 | 36週ころ | ・自分の名に反応する。<br>・「バイバイ」に反応する。 | ・積み木をコップからとり出す。 | ・はいはい又はつかまり立ちをする。 |
| 乳児第3転換期 | | 示性数<br>3可逆 | 48週ころ | ・ちょうだいに反応してわたす。<br>・「メンメ」に反応する。 | ・積み木をコップに入れたり出したりする。 | ・片手支えで歩く。 |
| 幼児第1転換期 | 次元 | 1次元<br>可逆 | 1歳半ころ | ・一語文をはなす。<br>・目、口などを指さしで答えられる。 | ・ハメ板円(回)ができる。<br>・スプーンを使う。 | ・ふとんに足から入る。<br>・すべり台を足からすべる。 |
| 幼児第2転換期 | | 2次元<br>可逆 | 4歳ころ | ・数の4までしっかりわかる。<br>・左右が不確定だがわかる。 | ・錘の比較(例無)がわかる。<br>・三角形が描ける。 | ・スキップをする。<br>・ケンケンで前へ進む。 |
| 幼児第3転換期 | | 3次元<br>可逆 | 7歳ころ | ・時間の概念ができる。・書きことば(日記・手紙など)の獲得。 | ・5個の錘の比較がたしかになる。<br>・円、矩形の群生化。 | ・規則のあるゲームをする。<br>・行動の予定が子どもなりに立てられる。 |

＊出典：長嶋瑞穂(1974)表⑨より、「質的転換期」〜「目やすになる活動」まで。

人がどのようなすじ道で大人へと発達していくのか、そのメカニズムを明らかにすることは必要不可欠なことだったからである。

そして「中核機制」（図⑥太字）の変わり目（高次化）が発達の節であり、質的転換期になると説明した。以上が「中核機制」誕生の所以である。田中の発見はまだまだ続く。しかし、生成期の流れはざっとこんなものだろうか。

コラム
ちょこっと寄り道

## 発達の基本的すじ道はすべての人間にとって共通

発達の基本的すじ道はすべての人に共通とする考え方は、障害者も人間であり、法の下に平等であるべきという日本国憲法の内容に発達論から根拠を与えた（加藤1976）。多くの障害児が学校へ行けなかった時代、障害児たちの発達を特異なものとして「特殊教育」と呼ばれていた時代にあって、発達の基本的すじ道はすべての人間にとって共通であるとする発達観は、教師たちにも親たちにとっても、まさに目からウロコの発達観であった。新しい発達観は、学校へ行けなかった親たちを励まし、「すべての障害児に教育を」のスローガンが瞬く間に全国に広がった。人間の発達のすじ道は、基本的に共通。だから、うちの子にも教育を——母親たちが立ち上がり、父親も立ち上がる。関係者も声をあげはじめた。それを教師たちが応援した。糸賀、田中らの主張に「発達保障」の名が付けられたのは1960年のことだとされている（加藤1976）。

9年後、1969年開校の京都府立与謝の海養護学校の学校づくり宣言には次のようなくだりがある。

「この学校は『すべての子どもにひとしく教育を保障してほしい』と要求する障害児の父母と障害児に直接関わっていた障害児学級担任を中核とする、地域ぐるみの10年間の運動の中で設置をかちとった学校である」[6]

今まで障害の重さを理由に入学を断られてきた子どもたちが学校へ来る。入学希望者が殺到し、学校現場は混乱した。少ない教師、足りない教室。しかし「上限はあっても、下限はない」と、宣言し[7]、すべてを受け入れる学校も現れた。近江学園から誕生した発達保障の水滴が大河となって全国の子どもたちに届けられる。その流れの広がりと強さが不就学の児童・生徒数を激減させた。（図⑦）

**図⑦　児童・生徒不就学数（人）**

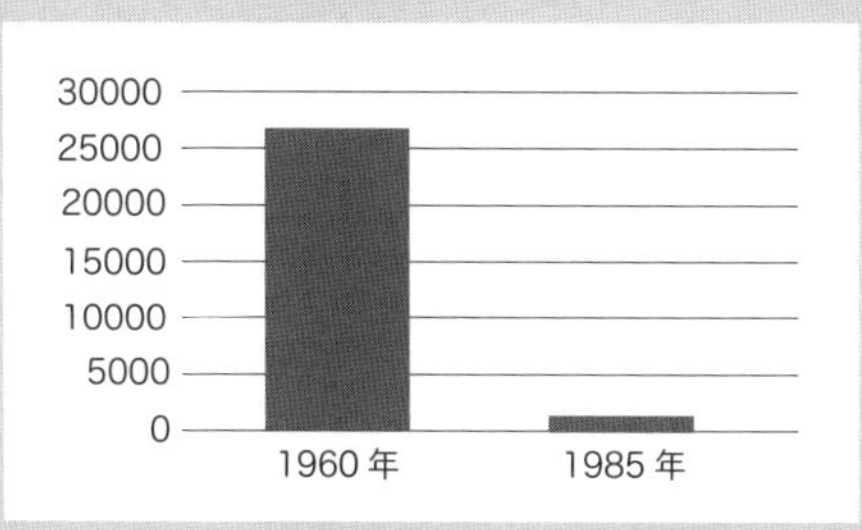


文部科学省「学校基本調査報告書」

## 「中核機制」とは何か

話を「中核機制」に戻そう。「階層――段階」理論を説明するに当たって長嶋の「中核機制」に関する記述は次のようなものであった。

「発達の中核機制を可逆操作特性（それぞれの発達段階の活動の統一的な特徴を表すことば）としてとらえ、それが高次化する時期が、発達の質的転換期にあたる」（長嶋１９７４）

私は、長嶋の記述を何度も読み返したが、内容を消化できないまま、ただ順序よく、丁寧な教育を心がけた。

長嶋は、次の著書で例えば「１歳半頃」の質的転換期を次のように説明した。[*8]

「（１歳半ぐらいの幼児は）すべての領域において、ほぼ同時期に、新しい行動が出現する。発達の一つの現象の変化でなく、あらゆる現象が相互に連関して一挙に変化する」

まさに「質的転換期」である。長嶋は、「一挙に変化」する仕組みを次のようにとらえた。

①幼児の内なるものに発達の中核があると仮説する。

②発達の中核の一定の構造（または機制）は、全領域における一定段階の諸行動を現象する。

③発達の中核において新しい構造の形成がなされると、中核の働き方が変わったのだから、中核から生ずるすべての行動に新しい変化が現れる。

これが、1歳半頃の幼児が「すべての領域において、ほぼ同時期に、新しい行動が出現」する現象の本質だとしたのである。中核機制が変わればすべてが変わる。しかし、すぐに私は次のような事象に直面した。

M君（中学部）の場合

・お箸が使える。
・歩ける、走れる、ケンケンもできる。
・しかし、ことばは全くない。

中核機制は、「全領域における一定段階の諸行動を現象」する。しかし、多くの障害児たちはM君のように発達のズレがあって、いったいどの中核機制なのか把握することは困難であった。困難ではあっても、中核機制を把握し、そこへ働きかけることができれば、子どもたちは一挙に変わる。

私たちは、挑戦した。当時図⑥（57ページ参照）に掲載されていた発達診断（「にぎる」「はなす」の自己調整）により1歳半超えの質的転換期にあると思われる子どもたちのグループをつくった。そして、1歳半の段階で必要とされる課題での授業を試みる。ところが、同じ段階とされた子でも、全くことばがない子がいた。そして、体育では、次の段階の課題「走ってとぶ」

「手をつないで走る」「片足をあげてとぶ」などを楽々とクリアする子もいて、中核機制から導き出された課題を目標とすることはできなかった。

私たちは、しばらく期間を空けて原因を探った。今度は発達検査の項目を基準に再度挑戦した。そして、時間をかけて段階ごとの課題を教科ごとに設定した。しかし、最初の実践と同じように一つの教科では妥当しても他の教科ではやさしすぎる課題となったり、難しすぎる課題となったりして混乱した。かくして、私たちの中核機制に働きかける実践は幕を閉じた。そして、別の問題も引きずることになる。

発達のズレが大きい子どもに遭遇した時、私たちは中核機制がどこか特定できず、結果として中核機制が上へ発達していくことも、同じ段階にあって、「ヨコへ発達」していくことも正確には把握できないという議論になったからである。入学時に中核機制でAだった子が、卒業時にBへと発達したのか、またはAのままで、Aの力を太らせてきたのか。Aがわからないと両方わからなくなる。けっきょく、私たちはすべての変化を「ヨコへの発達」として評価したが、どの変化が中核なのか判断することはできなかった。

コラム

ちょこっと寄り道

## ヨコへの発達

**・糸賀一雄**（1966）の「ヨコへの発達」〜「ヨコへの発達」という考え方は、糸賀一雄著『この子らを世の光に（二）』（1966）の中にある「横（軸）の発達」という用語が最初だとされている。糸賀のNHKラジオ出演時における「ヨコへの発達」は以下のとおりである。

「ただ発達というのは　はえば立て　立てば歩めという　縦軸の発達だけじゃなくて横に豊かなものがいくらでも　発達していくんだということ　それは何かというと　感情の世界をね　豊かに持っているということ　縦の発達だけじゃなくて　横の発達があるということに　わたしたちは希望をもつんですよ」（2007年3月20日放送　NHKスペシャル「ラストメッセージ」第6集「この子らを世の光に」）（垂髪2014）[*9]

**・田中昌人**（1974）のヨコへの発達〜「障害がある場合に、その人がもっている力をパターン化する方向ではなく、操作特性の交換性を高めていく方向、つまり子どもたちの発達をいわば縦への発達というより、横への発達としてとらえる観点が出てきたことです。これは、誰でも生き続けている限りどこまでも伸ばしていくことができるのだということであり、その力は誰の力であっても等しく尊重されなければならず[*10]」

**・茂木俊彦**（2004）のヨコへの発達～「能力のレベルは同じままだが、それを使う場面や相手がちがっても発揮できるようになったという変化があれば、この変化もまた『発達』と見るべき[*11]」

**・丸山啓史**（2012）のヨコへの発達～「能力の高度化という『タテへの発達』に対して、能力を発揮できる幅が広がること[*12]」

## 「中核機制」、その後の展開

2009年3月、私は特別支援学校を退職した。しかし、そこが変わればすべてが変わる——そんな「中核機制」は果たして存在するのかどうか。どうしたら教育は、そこへ働きかけることができるのか。私は、まだこだわっていた。コトの顚末をいっしょに実践してきた仲間たちと後輩たちに届けることは、私の宿題であった。「中核機制」を探す旅は、けっきょく、自分たちがしてきた実践の弱さを見つける旅でもある。精一杯努力してきたけれど、私たちの実践にはこんな弱さがあったと、今の子どもたちのために報告する必要があった。

私が接した長嶋の最初の論文は、①1974年5月発行の「障害者問題研究」第2号であった。長嶋は、②1977年10月発行の「障害者問題研究」12号、③同じ1977年10月『いちばんはじめの教育〜ことばつたえあい』（ミネルヴァ書房）と、立て続けに論文の発表や書籍を執筆した。「中核機制」の概念は、1970年代に発行された長嶋の論文、冊子のどれにも貫かれている。板野登（1995）[*13]は、教育心理学会において田中を次のように紹介している。

「田中昌人は、『精神薄弱児の類型学的研究を進めるにあたっての方法論的問題点』（『児童精神医学とその近接領域』第1巻、1960）の考察を行ってから、発達を中核機制において認識し……」（原文まま）

すなわち、田中は少なくとも1960年頃、「中核機制」という概念を使っていたということになる。しかし、田中の集大成となった『人間発達の科学』（1980）[*14]の事項索引に、もはや「中核機制」という項目はなくなっていた。田中が、「可逆操作」という概念を提起したのは、1964年12月6日、近江学園での討議資料だとされている。[*15]図⑥（57ページ参照）の「可逆操作」は、今でも残っている。なぜ「中核機制」は消えたのか。いったい「中核機制」はどこへ行ったのか。茂木（1978）[*16]は、早くから次のように指摘していた。

（「可逆操作特性」「中核機制」という用語に関して）「これを用いる人によってこの両者に込める意味内容が同一であるように思えることもあり、異なっているように思えることもある。いずれにせよ、この二つの用語が術語といえる程度には、概念規定を明確化していかなければならない。用語が難しいとよく言われるのは、概念規定が不明確でコミュニケーション可能な内容をもって説明されていないことが主な原因であろう」

さらに茂木は次のように指摘した。

「『可逆操作』と『中核機制』の含意が異なっており、異なっていることに意味があるなら、表現の仕方も吟味しつつ二つの熟語として確立すべきであるし、同じであるなら一つの熟語にした方が便利であることは当然である」

このような指摘を受けて、「中核機制」という概念は消え、「可逆操作特性」という概念が残ったということなのだろうか。しかし、それでも私たち実践現場が抱えてきた問題の本質は変わらない。すなわち、赤木和重（２０１１）[*17]が指摘するように「何をもって可逆操作の高次化が見られるのかについて、明確になっていない」「抽象度が高い概念だけに何をもって、発達段階の高次化を測定するのか困難」という問題はそのまま残るからである。

## 人は、「層」をいかにとらえるか

とりあえず私たちが必要としていたのは、１歳半頃から始まる段階（「幼児第１転換期」）の中心課題となり、メルクマールとなる力（仮にAとしておこう）の確定であった（図⑥、57ページ参照）。

その理由は、この段階前後にいる子どもたちこそ当時の養護学校（知的障害）で比較的障害が重く、養護学校教育の真価が試されてきた子どもたちだったからである。そして、今でも「幼児第1転換期」の子どもたちを実践に有効な方法で把握し、発達のズレがあっても、発達の中核に迫る実践を提案することは、保育・教育現場が必要としていることである。

水から水蒸気に質が飛躍する変化の過程の測定において水の体積を指標とすることはできない。タテ、ヨコ、高さを総合評価してもそれは体積であってAにはならない。必要なのは、子どもたちの学習の中心課題となり得るAであり、Bへと発展する過程を反映する「温度」としてのAである。結論から言うと、私は、以下の経過を経てAにたどりついた。

人の発達段階は、どの発達段階表もまるで地層のように層でできている（図⑥、57ページ参照）。私たちは、発達の各層にズレがある子どもたちの発達の層を特定するのに難儀してきた。もしかして、人類もまた巨大な層である地層を把握するのに難儀してきた歴史があるかもしれない――人は忙しく動き回っているうちは見えないことがある。「発達」の層と「地層」の類似性に気付いたのは退職して随分たった頃である。立ち止まった時、そこから見える新しい風景がある。

さて、人間は地層の研究をどのように進めてきたのだろうか。

高橋雅紀（１９９５）[18]は、次のように述べている。

「地球の歴史をひも解いていく場合、地質学における唯一の法則である『地層累重の法則』に則り、各地層の新旧関係を確立することから研究はスタートする」

しかしながらである。

「断層による層序の不連続、鍵層の不足などさまざまな理由により、『地層累重の法則』のみでは地球の歴史を復元することはほとんど不可能である」

地層累重の法則とは、「相重なる二つの地層のうち、本来下位にあった地層は上位の地層より古い」（『新版地学辞典』平凡社）という地史学の大法則である。しかし、この法則のみでは、地球の歴史を正確に認識できないとしているのである。その主たる原因となっているのが「断層による層序の不連続、鍵層の不足」（高橋１９９５）である。

鍵層とは、周りの地層と違う岩相上の特徴によって、容易く特定の地層とわかるものである。キーベッドともいわれている。[19]地層研究においてもまた、私たちが直面している課題——すなわち、層がズレてどの層に属しているのかわからない、キーベッドが見つからないという課題に直面していた。

では、地質研究者たちは、どのようにしてこの問題を克服してきたのだろうか。革命をもたらしたのは「放射線炭素法」である。山根一眞（２０１３）[20]は、次のように説明している。

「『炭素14』は５５６８年ごとに半減していく（半減期）。どんなモノに含まれていてもその減り方と時計のきざみは同じ。よって出土品に含まれるそのごくわずかな量を調べれば、年代がわかる」

この測定方法は、1947年、シカゴ大学の科学者、ウィラード・F・リビー博士（1960年にノーベル化学賞）により発見された（山根2013）。出土した「モノ」（「点」）から、地層がわかる。しかし、どんな「モノ」でも広大な地層からすれば所詮「局所」であって、地球全体からすれば点にしかすぎない。しかし、埋まっていたものの年代がわかれば、出土した近辺のタテ、ヨコの地層は推定できる。では、「点」ではなく、「点」が連続する「線」（縦軸）で見つかればどうなるのだろう。人類はそれによって、限定的とはいえ地層をひとまず立体的に把握できる。意外にも、日本でその歴史的な「線」（縦軸）が発見されている。

以下、「奇跡の湖水月湖年縞」[*21]の要約である。

福井県にある三方五湖の一つ、水月湖の底には7万年の歳月をかけて積み重なった「年縞《ねんこう》」と呼ばれる縞模様の湖底堆積物がある。1993年、2006年、2012年の3回、学術ボーリング調査が行われた。年縞は、木の年輪のように1年で1対の縞模様を数えることによって、その縞ができた年代を1年単位で特定することができる。たとえば、上から1000枚目の縞は今から1000年前に、1万枚目の縞は1万年前にできた縞であることが特定できる。

2006年の調査でボーリングコア約73㎝が採取され、そのうち約45㎝までの間には明確な年縞が見られた。縞に含まれる化石の放射線炭素年代を測定し、その結果が2012年、アメリカの科学誌「サイエンス」に掲載された。そして、翌年、水月湖の年縞は、約5万年代前までの地層年代を特定する世界標準の「ものさし」となった。

水月湖は、地層の縦軸（ボーリングコア）を採取して、世界の「ものさし」となった。それにしても、水月湖が世界の「ものさし」となる契機となった2006年の水月湖のボーリングコアの採取は、たった4カ所にしかすぎない。水月湖の面積は、4・15㎢もある。この面積の地層をたった4カ所のボーリング（筒）調査で判断することに世界から疑義は出なかったのであろうか。いうまでもなくボーリングで取り出せるのは、縦軸である。これにより、地層の立体的把握がとりあえず可能となる。しかし、依然、横軸は推定のままなのである。ちなみに、内山美恵子（2011）[*22]らによるボーリング調査の報告形式は以下のようになっている（傍線筆者）。

「ボーリング調査で得られた〜の値に基づいた古環境の推定を試みた」

「同様の手法により古環境を推定する試みは〜」

「〜のボーリングコアの例は、地層堆積環境の推定を可能としている」

「推定」なので反証があればくずれる運命にある。それ故、結論に対して世界を納得させる合理的な説明がなければならない。すなわち、たった4カ所のボーリング（縦軸）から得られた地層が、4・15㎢もある一帯（横軸）の地層を代表しているという説明である。以上のような地層研究の手順は、人間の発達の層を明らかにしていく上でも参考になると思われる。田中（1980）[*23]は、「階層」概念の導入について、発達を自然の一部として統一的に理解する上で「妥当性をもつ」としている。

## 歩みを規定する発達の「中心」A

消えた中核機制は、子どもたちの学習の中心課題になり得るものであった。それにしても、子どもが世界を広げ、自由を拡大していくために今の時期に必要不可欠とされる発達の力は存在しないのであろうか。それをつかむことができれば、保育・教育実践は発達の核心に迫れる。ここでは、1歳半頃から始まる時期の発達に必要不可欠な力をとりあえずAとした。

Aの変化は、障害児本人の自由を拡大する。そして、Aを共通の目標として確認できれば、Aは保護者と保育士・教師・職員が手をつなぐ扇の要となる。やがて、Bへ発達を遂げていく途中にある小さな変化、「ヨコへの発達」は、重労働となっている関係者たちの生きる糧となる。私たちにはどうしてもAが必要である。そのAは、天才ヴィゴツキーによって、ずっと前にもたらされていた。私は長い間知らなかった。

長嶋（1974）は、質的転換期、すなわち発達の階層、段階の決定に当たって、ヴィゴツキーの「発達における年令区分の基準」を紹介した。

①発達自体の内的変化における分岐点、転換点をとらえる。
②その段階における発達の全過程を決定する人間活動の新しい様式の形成をとらえる。
③「危機」の時期をとらえる。

の3点であった（傍線筆者）。

長嶋は、「この3点の基準」にも学びながら、発達の事実についての相互連関の分析を行ったと述べている。

コラム
ちょこっと寄り道

## 天才ヴィゴツキー

ヴィゴツキー（1896～1934）は、旧ソビエトにおいて1930年前後に活躍し、38歳で亡くなった。研究期間はわずか10年である。しかし、彼は先駆的で膨大な量の研究成果を残した。[*24] もうひとりの子ども研究の巨人ピアジェ（1896～1980）も同じ年に生まれている。ピアジェは何と84歳まで生きた。

神谷栄司（2010）[*25]は、ピアジェに勝るとも劣らない内容がヴィゴツキーの10年間には凝縮されているとした。ヴィゴツキーは、日本における大学の教員養成用テキストにひんぱんに取り上げられ、彼の精神発達に関する理論は、今日においてもなお、世界各地で発達心理学や幼児教育に関わる人々を大きな魅力でひきつけている（明神2004）。日本の知の宝庫、論文検索サイト（CiNii[*26]）上で「ヴィゴツキー」により検索される論文は480本もあった（ちなみに「ピアジェ」も440本）。
たった、10年の研究でピアジェと並び世界に影響を与え続けているヴィゴツキー。まさに天才というほかない。明神とも子（2004）は、イタリアの児童文学作家ロダーリのヴィゴツキー評を紹介している。「ほかの人々が大骨を折ってしゃべったり書いたりしてもなお理解してもらえないことを、さらりと明確にいってのける」

長嶋論文を何度も何度も読み返しているうちに私は、ほんの少しだけ気になることがあった。それは引用されているヴィゴツキーの年令区分の基準②が「全過程」となっている点である。長嶋引用の「全過程」をきっかけに私はヴィゴツキーに関する論文や著著を取り寄せた。長嶋（1977）の「中核機制」は、「発達の中核の一定の構造（または機制）は、全領域における一定段階の諸行動を現象する」というものであった。すなわち、「中核機制」の高次化は、両端を挟まれたオセロがひっくり返るように子どもの諸行動を「ほぼ同時期」に変えるというものである。一挙に変わる質的転換期を説明しているのであるから「中核機制」は発達の全領域、すなわち横軸にコミットする。

しかし、「過程」は一般に時間軸をさすものではないだろうか。子どもが1歳から3歳になる。そこまでの過程、すなわち横軸ではなく、時間軸（縦軸）こそが「過程」ではないのだろうか。ヴィゴツキーの「全過程」とは、いったい何なのだろう。もし、ヴィゴツキーの言う「過程」が時間軸をさしているならば、それは発達の層における縦軸（ボーリングコア）となり得る。長嶋が引用したのは、清原浩（１９７３）[*27]が紹介したヴィゴツキー未発表論文である。長嶋の引用から34年後、現在のヴィゴツキー研究者による「発達における年令区分の基準」の②は、次のように訳されていた。

「その時期における彼の発達のすべての歩みをもっとも主要で基本的な点で規定するような、人格とその活動の新しいタイプの構造、身体的・社会的変化」（神谷栄司２００７[*28]、傍線筆者）

長嶋引用の１９７２年論文と比較すると、「歩み」を「規定」となっていて、まさに時間軸をさしていることが鮮明である。では、ヴィゴツキーは、その時期の発達のすべての「歩み」を「規定」するようなものを見つけたのであろうか。もし、それがわかれば、間違いなく子どもたちの日々の学習の中心課題となり得る。また幼児期のそれがわかれば、「歩み」を「規定」するものであるから、私たちが最も関心を寄せている子どもたちの発達の進捗状況がわかる。すなわち、それは、水から水蒸気に変わる際の「温度」となる。まさしく発達の層における縦軸（ボーリングコア）である。さらに、ヴィゴツキー研究者たちの力を借りて検討を進めていく。まず、神谷（２００７）の説明から見ていこう。

「ヴィゴツキーが結論づけている時期区分の基準とは、その年令にはじめて発生する新形成物（新心理機能）で、しかも他の心理機能を規定するような中心的な新形成物である」

そして、神谷（２０１０）は、幼児期（1歳〜3歳）の新形成物を「知覚」（ヴィゴツキー）とした。「知覚」とは、感覚器官を通じて身体の内外の環境について意識する（知る）ことである。[*29] これでは、まだ、漠然としている。さらに、中村和夫（２０１０）[*30]の説明を見る。

「ヴィゴツキーによれば、それぞれの年令段階には、発達の全過程を先導し、子どもの全人格を新しい基準のもとに再編成する基本的で中心的な新形成物が発達する」「ヴィゴツキーは、基本的な新形成物と直接結びついた発達過程のことを、その年令段階での『中心的発達路線』と呼び、そのほかの部分的な過程や変化のことを『副次的発達路線』と呼んでいる」

では、幼児期の「中心的発達路線」とは何なのだろう。それをヴィゴツキーは明らかにしているのだろうか。高木光太郎（２０１１）[*31]は、見事に結論を出していた。高木の結論は、次のとおりである。

「発話行為の発達がこの年令時期の中心的発達路線となる」

やっと、幼児期の発達の中心Aをつかまえた。

幼児期の新形成物となる知覚は、その年令にはじめて発生し、幼児期の発達の全過程の歩みを規定する。そして知覚と直接結び付く、「発話行為」は、他の周辺新形成物を集約しながら、子どもを次の段階へ先導する中心的発達である。これこそが、私たちが長い間探し続けてきた子どもたちの学習の中心課題となり得るAそのものだった。「発話行為」は、知的発達1歳から3歳までを先導する。地層でいう縦軸、「ボーリングコア」であり、発達全体から見れば1本の軸にしかすぎない。しかし、それは「他の心理機能を規定するような中心的な新形成物」神谷（2007）であるから、この縦軸から他領域の発達の水準（横軸）は、おおよそ「推定」できることになる。

## 発話学習の対象となるのはどんな子か

さて、「発話行為」を子どもたちの学習として組織する準備にとりかかろう。発達年令1歳から3歳までは相当幅がある。どこに区切りを置き、どの段階の子に何をするのか検討が必要である。すでに私の手元には田中・長嶋らの研究で明らかとなった発達の層がある（図⑥、57ページ参照）。そして今、「発話行為」を幼児期における中心的発達としたヴィゴツキーの研究を知った。しかし、教育実践は、これらの層とは相対的に独立した、教育の作用によって区分される教育階梯を必要としている。

八木英二（2003）[32]は、「話しことばを獲得しようとする発達段階の子どもと書きことばを用いて学ぶ段階とでは、教育課題を異にする場合があり、主な交通手段が何であるかによって、教育集団を別個にすべき実践学的根拠がある」とした。では、八木のいう幼児期の「主な交通手段」とは何なのだろうか。ヴィゴツキーは、幼児期を「ことば」によって、「社会環境と結びつく」[33]とした。子どもが社会とつながる窓口、保育、教育はその窓口へ働きかけることになるのであるから、1歳〜3歳の間に「ことば」の水準に質の違いがあれば、教育階梯の区切りとなり得る。

一方、「階層――段階」理論は発達の質的転換に着目してつくりあげられている。「階層――段階」理論によると1歳〜3歳の間には「幼児第1転換期（1歳半）」が存在し、「ことば」もここに質的転換期がある。では、子どもは1歳半の質的転換を超えた時、どのような「ことば」の水準にあるのだろうか。

以下、標準化されている検査項目から発達年令を見るのでなく、年令からその年令で獲得する子どもの平均的な力を見る。「新版K式発達検査法」において縦軸に含まれる1歳半超えの検査項目は次の2項目[34]である。

（1）「身体各部」（1：6超）〜「あなたの目は、どれですか」と問う。指示できたら続いて

（2）〜（4）について同様に問う。
材料：①目　②鼻　③口　④耳
再質問：答えられない場合は、以下のように質問しなおしてよい。

「あなたの目はどこにありますか」

「目の上に指をのせてごらんなさい」

「お目々をつぶってごらんなさい」
（2）以下も、はじめの二つの言い方で再質問してよい。
（2）「絵指示」（1：6越）〜絵指示図版を近地点において、指示する。
「この絵をよく見てごらんなさい」「犬はどれですか」
と言い、以下、下線部を（2）〜（6）の順に変えて質問する。
材料：①犬　②自動車　③人形　④茶碗　⑤鋏　⑥魚
再質問：できない時は、「ワンワンどれですか」と幼児語で問い直してみる。答えられれば、以下すべて幼児語で質問してよい。

まさに、子どもは発達年令の1歳半超えでことばの世界へ到達し、初歩的なことばを理解する。すなわち、ここが、教育階梯の区切りとなる。ことばの世界への到達は、上記検査で判別できる事になるが検査の手引きや道具がない園・学校も多い。大勢の子を検査する時間がとれない現実もある。

そんな時は、絵本を広げ「〜は、どれ?」ときいてみる。答えることができたら合格である。指さしで答えても合格である。しかし、障害児学校には、いろんな子どもがいて、まず指さしを苦手とする子がいる。さらに、絵本ではわからなくても実物、ミニチュアなどの立体でならわかる子もいる。私たちの経験でも、絵本ではうまくいかなかったが「〜〜取ってきて」ならわかる子がいたし、「(ことばによる)何々」ではなく、実物を示して「これと同じものを取ってきて」ではわかる子もいた。視力障害や聴覚障害を併わせもつ子もいる。

上記(1)、(2)の検査を参考に子どもたちの障害に配慮し、工夫しながら、「ことば」の世界への到達を丁寧に探る。こうして、ことばの世界への到達を教育階梯の区切りとした時、その「前」と「後」、どの子にも水準に合わせた「発話行為」への取り組みが可能となる。すなわち「前」は、コトバを準備する活動の組織(仮に「コトバ準備教育階梯期」としておく)であり、「後」はコミュニケーション手段獲得(仮に「コミュニケーション獲得教育階梯期」)の学習である。

第1、2章で紹介した実践は「コミュニケーション獲得教育階梯期」に該当する子どもたちへの実践であった。ことばの世界到達「前」の子どもたちに同じようなことをしてもうまくいかない。私たちはサイン言語の学習で何度も失敗した。「前」のこどもたちは別の学習を必要としている(第6章参照)。ヴィゴツキーが言うように「発話行為」が、幼児期の発達の全過程を先導するものであるならば、「発話行為」への働きかけは、次の段階までの全過程にコミットし、そこへ到達するまでの世界を切り開くことになる。

※以下、音声言語だけなく、文字、手話、サイン、身振り、トーキングエイドなどあらゆるコミュニケーション手段を含むときに「コトバ」という表記を使用する。

※見てきたように「発話行為」がこの時期の発達の中心になることを私が知ったのは、退職後である。したがって、私たちの集団が「発話」に取り組んだ実践は少ない。その中で偶然にも2本だけ記録がとれ公表、出版されていたものがあった。それが第1、2章である。

## 発達の中心に働きかける実践は、発達のズレに対応できるか

ここまで、「発話行為」によって、教育階梯の層を求めてきたが、発話以外の彼の発達の水準は推定に留めることになる。推定である以上、ある領域の力がそこに及ばない、あるいはそこより進んでいる状態——いわゆる発達のズレはあり得ることになる。この時、進んでいるところ〝だけ〟、遅れているところ〝だけ〟に目を当てるわけにはいかない。「高い・低いところを斜めにつないで」(茂木2000)発達していくことも考えられるからである。長嶋の教えで私が生涯大切にしてきた実践のコツは以下のとおりである。

「進んでいるところに目を当てて、遅れているところに手を当てる」

「軀幹——四肢」「手——指」の活動水準は推定であり、必ずしも発話と同レベルとは限らな

図⑧　二つの「ヨコへの発達」

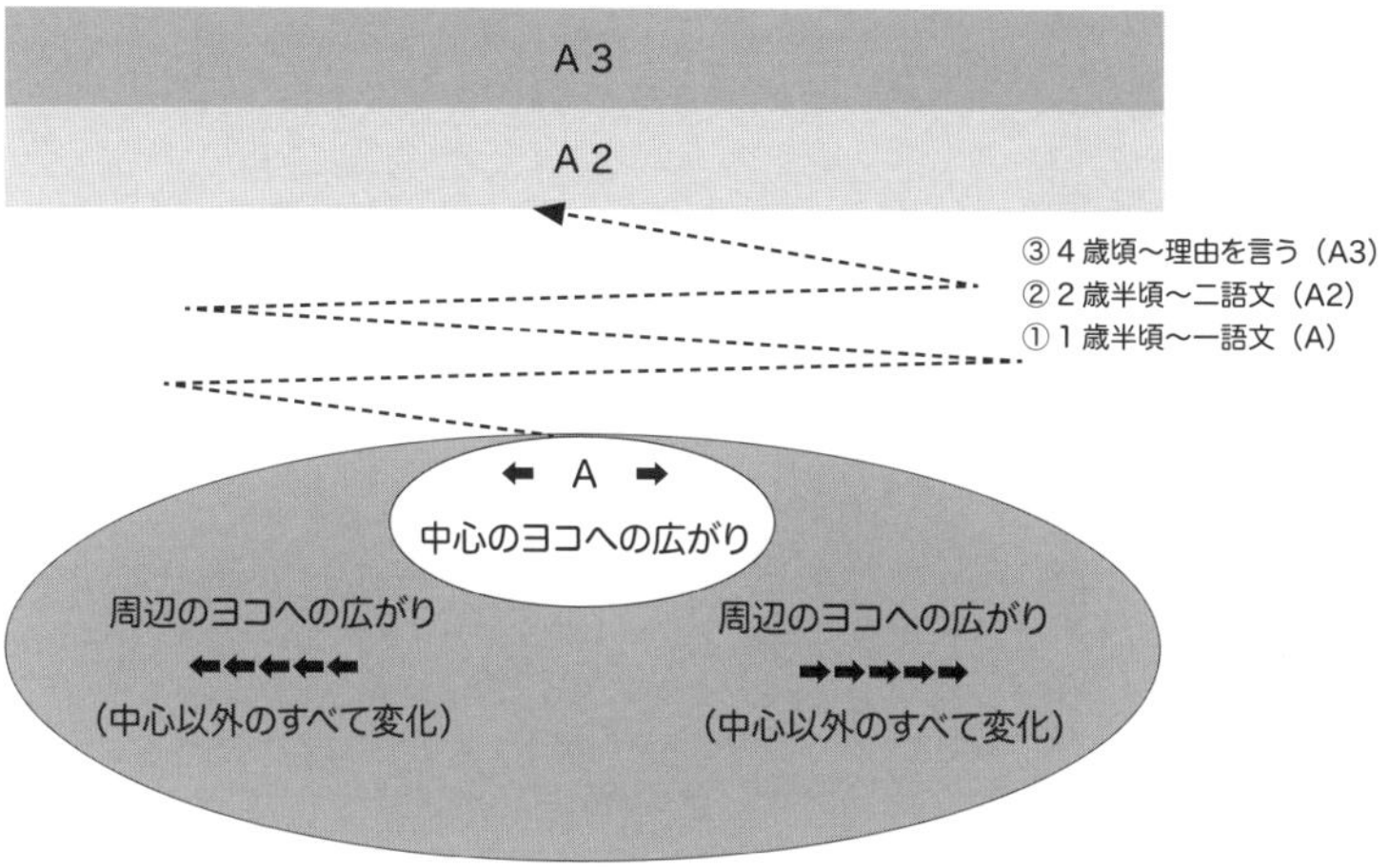


①②③は、田中昌人（1987)「発達保障の探求」（大月書店）表・新しい発達の力の生成（着眼点）「話しことば」150 ページ

い。各教科でそれぞれ「進んでいるところに目を当てて」、子どもの声を聞き（見極め）ながら、今自力でできること、今もっている力が充分発揮できる教材を準備する。

## 見えてくるか、「ヨコへの発達」

実践の結果、「コミュニケーション手段獲得教育階梯期」における発達は、二つの「ヨコへの発達」が考えられる。

一つは、一語文による発話（手話・サインなどあらゆるコミュニケーション手段を含む）が量（→）を拡大していく方向である。いわば中心の「ヨコへの発達」である。いうまでもなく、中心における発達「発話行為」の量的拡大は、次の段階に向かっての温度計となる。そして、それ以外の変化は、周辺領域の「ヨコへの発達」となる。ふたつの「ヨ

コへの発達」は、↓A2↓A3の力を獲得していく基礎となる。(図⑧)

また、「能力のレベルは同じままだが、それを使う場面や相手がちがっても発揮できるようになったという変化があれば、この変化もまた発達」(茂木2004)と評価されなければならない。「発話行為」はAのままであっても、「ヨコへの発達」を喜び合える学校や社会が必要である。そんな社会でこそ、彼は胸を張って、ヨコへ、ヨコへと力を広げていける。

さて、以上の作業によって、発達年令1歳半頃から始まる時期の歩みを規定する発達の中心A、「発話行為」はみんながコミュニケーション可能(茂木1978)となる方法と内容で把握できた。しかし、ヴィゴツキーは幼児期に中心的発達路線であった「発話行為」は、その後「他の中心的発達路線に従属する副次的発達路線」(高木2011)になるとした。そして、次のステージを「記憶が中心的役割を果たす」としている。[*35] すなわち、「コミュニケーション獲得教育階梯期」を卒業している子どもたちには、別の学習が中心となる。果たして、それはどんなステージなのだろうか。第4章で検討する。

## 付記　自発語(サイン言語)をどのように記録したか

前述のように「発話行為」は、発達全体を先導するものであるから、発話の拡大は、次の段階に向かって進んでいるかどうかの重要な指標となる。この指標によって、自らの実践を振り返ることができる。見てきたように発話の広がりによって、前より豊かな意思の伝達が可能となり、

**図⑨　自発語調査**

伝達の方法（①ことば　②サイン）

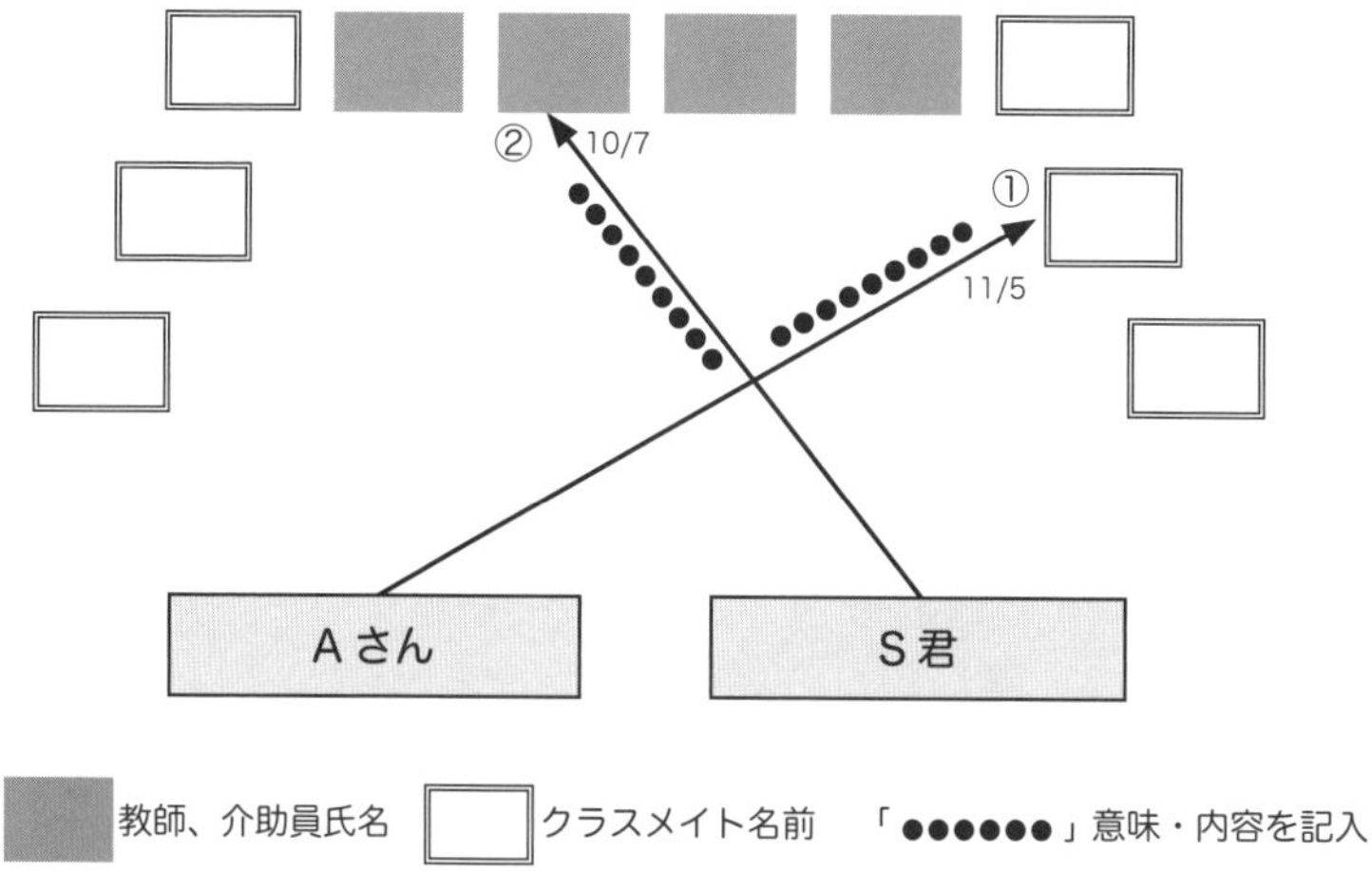


より自由になる。そして、支える回りの人たちは、それが生きる糧となる。したがって、私たちは可能な限り彼の発話を正確に把握したいと思う。可能な限りというのは、いくら正確な方法であっても、忙しい実践現場では運用が不可能なことがあるからである。

　このような学習効果の測定は、正確さのベクトルと、実践現場で無理なくできるという二つのベクトルの交叉点を選択しなければ、実際には採用できない。私たちがたどりついた方法は、次のようなものであった。

1．黒板に次（図⑨）のような調査用紙を貼っておく。

2．見聞きした教師がその都度、さっと書き込む。全教師・介助員で記録。特別教室やグランドでの発話であっても教室に帰ってきた直後に書き込む。

3．たまったところで担当者が集約する。

4．家庭での発話は、連絡帳への記入を依頼する。

5．担当者は、発話の記録全体をまとめて授業担当者及び学年全体に報告する。

※この記録方法は、発話初期のものである。すでにたくさんのコトバをもっている場合の語彙の測定は、第4章を参照。

**【引用・参考文献】**

1 戸崎敬子（1997）「障害児教育大事典」旬報社

2 加藤直樹（1976）「講座日本の教育8障害者教育」新日本出版社

3 田中昌人（1932～2005）東京生まれ。京都大学卒業。近江学園、京都大学教授、龍谷大学教授。全国障害者問題研究会初代全国委員長

4 長嶋瑞穂（1974）「田中昌人研究業績」全障研ホームページ個人の系の発達と発達保障 「障害者問題研究」第2号

5 茂木俊彦（2000）全障研と私「人間発達研究所紀要」第13号・第14号合併号

6 青木嗣夫編著（1972）「僕、学校へ行くんやで」鳩の森書房

7 津田充幸（2000）「まわり道をいとわないで～養護学校副校長日記」クリエイツかもがわ

8 長嶋瑞穂（1977）「いちばんはじめの教育～ことばとつたえあい」ミネルヴァ書房

9　垂髪あかり（2014）「横（横軸）の発達」に込められた願いを未来へ読み解く「糸賀一雄生誕100年記念論文集　生きることが光になる」
10　田中昌人（1974）障害児の発達をどう保障するか。小川政亮編「障害者と人権」時事通信社
11　茂木俊彦（2004）「発達保障を学ぶ」全障研出版部
12　丸山啓史（2012）発達保障とはどういうことか？「発達保障ってなに？」全障研出版部
13　板野登（1995）準備委員会企画対論発達について「教育心理学年報」第34号
14　田中昌人（1980）『人間発達の科学』大月書店
15　荒木穂積（2016）源流解説『田中昌人発達における可逆操作について』「人間発達研究所紀要」第2号
16　茂木俊彦（1978）発達理論に関する若干の研究課題について～心理学のアスペクトから「発達保障の成果と課題」全国障害者問題研究会
17　赤木和重（2011）障害研究論における発達段階論の意義～自閉症スペクトラム障害をめぐって「発達心理学研究」第22巻第4号
18　高橋雅紀（1995）地層の年代をいかに知るか～現状と課題「地質ニュース」495号
19「ブリタニカ国際大百科辞典」
20　山根一眞（2013）日本の水月湖が世界の歴史のものさしに！「日経ビジネス」2013・8・20付
21　福井県安全環境部自然環境課（2014）「奇跡の湖水月湖年縞～湖底の縞模様に秘められていた歴史の謎を解く鍵」
22　内山美恵子、原未来也、池内美緒、木村克己（2011）、東京低地と中川低地の沖積層堆積物で作成した懸濁液の水素イオン濃度指数及び電気伝導度「地質調査研究報告」第62巻第1／2号

23 田中昌人（１９８０）発達における階層の導入について「人間発達の科学」大月書店
24 明神とも子（２００４）ヴィゴツキーの幼児教育に対する貢献について「北海道教育大学釧路校研究紀要」第3号
25 神谷栄司（２０１０）『未完のヴィゴツキー理論～よみがえる心理学のスピノザ』三学出版
26 CiNiiとは、論文、図書・雑誌や博士論文などの学術情報を検索できるデータベースサービスのこと。検索論文件数は、２０１８年12月20日現在のもの。
27 清原浩（１９７３）論文紹介「発達」の弁証法的理解への手がかり「障害者問題研究」第1号
28 神谷栄司（２００７）ヴィゴツキー理論の発展とその時期区分についてⅢ「佛教大学社会福祉学部論集」第3号
29 千原孝司（１９９４）「発達心理学辞典」ミネルヴァ書房
30 中村和夫（２０１０）『ヴィゴツキーに学ぶ子どもの想像と人格の発達』福村出版
31 高木光太郎（２０１１）Ｌ．Ｓ．Ｖｙｇｏｔｓｋｙによる発達の年令時期区分論の特徴と現代的意義「発達心理学研究」第22巻第４号
32 八木英二（２００３）教育実践と発達保障「障害者問題研究」31巻2号
33 ヴィゴツキー著、柴田義松ら訳（２０１４）「新児童心理学講義」新読書社
34 嶋津峯眞監修、生澤雅夫編著（代表）（２００３）「新版K式発達検査法」ナカニシヤ出版
35 ヴィゴツキー著、柴田義松訳（１９７９）「思考と言語」（上）明治図書

## 第4章

# コトバの「記憶」が教育の中心となる

発話で世界を切り開く時期（「コミュニケーション獲得教育階梯期」）を過ぎた時、次は何が発達の中心となり、どんな学習が必要となってくるのだろうか。年令層ごとに中心的な発達の力を明らかにしているヴィゴツキーは、発達年令3〜7歳を「就学前期」とした[*1]。そして、ここからは「記憶が中心的役割を果たす[*2]」とした。まずは、3〜7歳の中心的な発達の力を探る。

発達年令3歳を境に子どもの思考は、次のように変化する。

**幼児期の思考〜目に見えるものを調べる。**

**← 3歳 ←**

**就学前期の思考〜記憶（表象）を調べる。**

表象とは、「現前にないことを思い浮かべること[*3]」である。思い浮かべるということは、記憶中に保持されていることを取り出し、再生する活動である。したがって、就学前期の思考は「過去のものの想起に等しい」（ヴィゴツキー1979）。彼の中にはすでに記憶の銀行が設立されていて、金庫の中に何がしかの記憶がストックされている。では、記憶の銀行には何がストックされているのか。「すべてのコトバの意味は、一般化を意味」（ヴィゴツキー1979）している。一般化とは、「人間が他の人間と現実についての意味を共有していくこと」（青柳2010[*4]）である。コトバの獲得そのものが、彼自身の思考を経て、意味を共有した「コトバ」として獲得されている。子どもは、すでに獲得しているコトバによって目の前に何もなくても記憶と照合し、何かを思い浮かべることが可能となる。

彼の銀行にストックされているのは、コトバの札束なのである。記憶の銀行といつでも引き出せるコトバによって、彼は思考の対象を「時間的、空間的状況から引き抜く」（ヴィゴツキー１９７９）ことが可能となる。

したがって、就学前期において「記憶」が中心的役割を果たすとした時、そこでの「記憶」はコトバの「記憶」だといえる。私たちは発達の中心に働きかけようとしている。ヴィゴツキーの年令区分の基準は、他の心理機能を規定するような中心的な力であり、コトバの「記憶」は、就学前期の発達の歩みを規定する。

しかし、私たちがいくら、記憶の銀行を大きくしようとしても、当然のことながらそこに送金される彼自身の思考をくぐり、意味をもったコトバの紙幣がない限り、コトバは金庫にストックされない。この時期の発達の中心に迫る実践は、彼の手に広い世界を届け、彼の思考をくぐり、意味を持ったコトバの「記憶」が量的に拡大する活動の組織である。すなわち、「世界を広げる」×「思考活動」＝コトバの「記憶」となる実践である。この時期の世界の広がりの弱さ、思考活動の狭さ、結果としてもたらされるコトバの「記憶」量の不足は次の階梯期以降の学習を困難にする。

次の階梯期における学習は、教師のコトバによる授業が中心であり、そこでは、教師のコトバを理解できるほどの水準にコトバが貯蓄されていることが前提となるからである。

## ここから始まる学習の対象児はどんな子か～「三つの質問」を目安に

就学前期の歩みを規定する力（中心）は何か、それはコトバの「記憶」であった。しかし、ヴィゴツキーの区分を自動的に教育の区切りとすることはできない。教育実践は、これらの層とは相対的に独立した、教育の作用によって区分される教育階梯を必要としているからである。実践を始めるに当たっては就学前期の始まり、3歳が教育実践の区切りとなり得るのか検討が必要である。

見てきたようにこの期の発達の中心は、コトバの「記憶」であり、そして、それは彼の思考活動によってもたらされるものであった。天野（1979）[*5]は、思考の発達がどの段階にあり、したがって次のどのような段階に移行させることが発達の課題となっているかを理解して学習活動を組織することが必要だとした。幼児に因数分解を教えようとは、誰も思わないのであるから、就学前期にかかわらず、保育、教育は思考の水準によって行われる。

すでに見てきたように3歳は、「子どもの思考がきわめて鋭い形で変更される」[*6]（ヴィゴツキー2003）のであり、発達年令3歳を教育階梯の区切りとすることは充分に妥当性がある。あえて他の時期と区別するならば、「コトバ拡張教育階梯期」とも呼べる期である。獲得でも足らない。拡大でも足らない。異次元に広がる世界を手にし、一気にコトバを広げ、「記憶」にため込む時期だからである。

では、障害児の場合どのような基準で「コトバ拡張教育階梯期」への到達を把握したらいいのだろうか。それは、何千、何万人の被験者によって繰り返し試され、標準化されている発達検査の項目から知ることができる。ここでは、項目から発達年令を見るのでなく、年令から、当該年令で獲得される力を調べる。「新版K式発達検査」において、3歳を越えた子どもたちが現前にないことを思い浮かべ、記憶と照合する検査項目は次のとおりである。以下の検査によって「コトバ拡張教育階梯期」への移行、すなわちコトバの「記憶」が、発達の中心となる時期に到達しているとみなすことができる。

## 三つの質問

了解Ⅰ（3：0越[*7]）

［手続］

「これから私が言うことをよく聞いておいて、あなたのしようと思う通りに答えなさい」と確認してから、

（1）「おなかのすいたときには、どうしたらよいでしょうか（または、どうしますか）と問う。以下（2）、（3）と問う。

（2）「眠たいときには、どうしたらよろしいか（または、どうしますか）
（3）「寒いときには、どうしたらよろしいか（または、どうしますか）
［正答基準］
（1）空腹　①食事をする。②虫やしないをする。
（2）睡眠　①眠る。②眠気ざましをする。
（3）寒さ　①暖をとる。②一時的に身体を温める。
［判定基準］
3試行内に2問正答したときに合格とする。
再質問、判定不能な時の手続きについては、「手引き」参照。

障害児の保育、教育実践は、①どんな子に、②何をして、③どうなった、という順に進めないと検証ができない。教育階梯のスタート、①どんな子に、という段階で園・学校、クラス、学年の合意がないと、どんな実践も②で見解がわかれ、③の総括でも評価が割れることになる。
もちろん、発達的に根拠のない区切りでは、子ども自身、場違いの学習空間へ投入される。したがって、教育階梯の始まり、つまり、どの子がどの教育階梯の層に属するかを、実践現場において可能な方法で、かつ、ある程度客観的な基準で把握しておくことは、極めて重要なことだと思われる。段階の把握が難しい障害児保育、教育の実践現場にあってはすでに標準化されている発達検査の項目を基準にすることで、子どもの見方や意見の違う多くの人たちが力を合わせて実践できる道が開かれる。

しかし、発達検査の資料や検査の手引き、道具がない園・学校も多い。その時は、普段の生活の中で確認することができる。いっしょにブランコに乗っている時、散歩の途中に子どもに聞いてみる。

「ちょっとお話ししてもいいかな?」「~君、おなかすいた時どうする?」「眠たい時は?」「寒い時は?」と、順番に聞いていく。ほんの数分で、誰でも階梯の把握が可能である。もちろん、手話や身振り、サインによる答えでもかまわない。あいまいな時は、上記の基準を参考にしながら、もう一度、コトバのレベルを丁寧に探る。これでどこの実践現場でも「コトバ拡張教育階梯期」に該当する子どもの層を把握することが「一応」可能となる。「一応」というのは、実践による検証を重ねていく必要があるからである。

## 「コトバ拡張教育階梯期」と障害児教育

### ~世界を広げる×思考活動=コトバ「記憶」の蓄積こそ未来を開く

以上で、もう、実践の準備はできている。残るはすでに確認できている力、すなわち現前にないことを思い浮かべる力(コトバの「記憶」)を広げる実践の展開である。「コトバ拡張教育階梯期」の教育実践の要は思考をくぐる学習活動の組織化である。思考をくぐる活動は、当人の主体的な活動によってのみ可能となる。脳を働かせることを当人が拒否した途端、思考は停止する。思考なしではコトバを紙幣に印刷できない。当人がそれを記憶の銀行へ送金しない限り、彼のコトバが貯蓄されることはない。

ヴィゴツキー（1979）は、次のように述べている。

（就学前期の子どもは）「教師のプログラムが彼のプログラムとなる限りにおいて、それを学習する」

まさに子どもたちの主体的な活動によってのみこの時期の学習は進む。この期の発達の歩みを規定する力はコトバの「記憶」であった。コトバの「記憶」量の測定は、語彙検査としていくつかの検査が標準化されている。内田伸子（2018）[*8]は、語彙の習得に影響を与える要因について国際的な調査を行った。調査対象は日本、韓国、中国、ベトナム、モンゴルの大都市在住の、3・4・5歳児の3000名の大規模調査である。結果、保育の形態と子どもの語彙力に関連があるとした。すなわち、

A　自由遊びの時間が長い、子ども中心の幼稚園や保育所

B　小学校準備教育として文字や計算、英会話や体操などを教えている一斉保育の幼稚園や保育所

二つの保育形態を比較した時、Aの語彙得点が高くBの得点が低いという結果になったのである。自由遊びは、まさに彼のプログラムである。「発達年令3歳から始まる就学前期において、彼のプログラムとなる限りにおいてそれを学習する」という先の指摘は、現代の子どもたちの調査でも立証されている。

ところが、障害児教育において、先人たちが探求してきたこれら学問の成果に依拠しない全く逆の教育が行われていることがある。

知的障害の場合、一定の会話が可能となる4歳頃（図⑥、57ページ参照）を節目として一般就労への可能性[*9]が探られることになる。就労をめざすあまり、指示に従うことを求め、無言で黙々と単純作業をこなせる力の養成をめざす教育の展開である。渡部昭男（2013）[*10]は、これらの教育を「『仕事に就くこと』のみを強調し、『就労一辺倒』の追い込み指導」と厳しく指摘している。

見てきたように「コトバ拡張教育階梯期」は、思考をくぐらせ、世界を広げるチャンスの時期である。にもかかわらず、これでは、彼らは思考する機会を失う。就労したにしても彼らは「大人との交流」（ヴィゴツキー1979）によって知識を広げ、発達を遂げていく社会的な存在である。職場の人たちと雑談（コミュニケーション）できるほどにコトバの貯蓄を増やして卒業させることが、安定した就労にとって必要なことである。青年期における離職理由[*11]のトップが「他人との付き合い」となっていることに鑑みるならば、「コトバ拡張教育階梯期」におけるコトバを「記憶」し貯蓄できる教育実践は、受け入れ先からも求められている教育だといえる。

## 文字を獲得している子どもに「読み聞かせ」は必要か

「コトバ拡張教育階梯期」は時空を超えたコトバの貯蓄が必要である。日本にいて「アルプスの少女の物語」が楽しめるほどのコトバの貯蓄である。それは大人との交流によって実現される。大人との交流が発達すればするほど、子どもの一般化（意味の共有）も拡大され、またその逆も成り立つ（ヴィゴツキー2003）

彼の世界をそこまで広げようとした時、広く実践されているのは絵本など2次元教材の読み聞かせである。読み聞かせは、彼の水準に合わない時は見向きもしない活動であることから、子どもが、もっとも自分の力に合わせて思考を転がしている状態だといえる。内田（2013）[*12]は、「子どもは身近な大人との日々のさまざまな相互作用を通して語彙を獲得していく。その中でも特に絵本の読み聞かせは、一般的な大人と子どもの相互作用場面である」とした。

2次元世界の共有・交流は、子どもが世界を広げ、コトバを記憶し、貯蓄していく最も有力なツールである。西本裕輝（2004）[*13]は、中・高校生を対象に幼少期の教育環境と学力の関係について調査した。それによると、絵本の読み聞かせ体験がある生徒ほど学力が高いとした。障害児を対象とした読み聞かせで世界的に知られているのは「クシュラの奇跡」[*14]である。クシュラの奇跡を東京大学大学院教育研究科市川伸一研究室2008年度ゼミ3班は、次のように紹介している（ホームページ、2018年11月8日閲覧、2019年5月31日現在閉鎖中）。

クシュラは、複雑な障害を持って生まれたニュージーランドの女の子で複数の医師から、精神的にも身体的にも遅れていると言われていました。染色体異常で脾臓・腎臓・口腔に障害があり、筋肉麻痺であったため2時間以上寝られず、3歳になるまで物も握れず、自分の指先より遠いものはよく見えませんでした。しかし、生後4カ月から両親が一日14冊の本を読み聞かせることを実行したところ、5歳頃には彼女の知性は平均よりはるかに高く、本が読めるようになっていました

このような研究、実践結果に学ぶ時、障害の有無にかかわらず、読み聞かせは、「コトバ拡張教育階梯期」における発達の核心に迫る実践だと思われる。コトバの記憶は、「世界を広げる」×「思考活動」＝コトバの「記憶」であった。読み聞かせは、いかにも受動的で「記憶」に届かないようにも見える。しかし、東京大学の野沢祥子（2018）[*15]は、次のように述べている。

絵本は、子どもたちが自分で面白さを発見できる余地が大きい。余地が大きいから大人がコメ

ントしたり、（そこに子どもが複数いたら）子ども同士でのやりとりが発生したりとコミュニケーションがどんどん拡大していく（ナレーションと違い）「紙の絵本は、人間が読み聞かせるので子どもの関心に応じて読むスピードを変えたり、強調したり、あるいは読むのをしばしやめて子どもたちのようすをみたりすることもできる。とてもインタラクティブ（双方向・対話的）なんです」

また、梅本妙子（1989）[*16]も、次のように指摘している。

「読み聞かせと言えば、子どもたちにとって受動的であるように思えますが、これほど能動的なものはありません。子どもは主体的に自分の思いをもって、想像力豊かに絵本の世界に遊んでいるのです」

では、日本における障害をもたない子どもたちの読み聞かせはどうなっているのだろう。横山真貴子（2007）[*17]らは、幼稚園児の母親を対象に家庭における読み聞かせの調査を行っている。それによると4歳児の読み聞かせ（1週間単位）は、「毎日」「ほぼ毎日」を合わせると約半数を占める。一方、「したことがある」（週1回もしない）は、たった4％であった。4歳までに読み聞かせた絵本数は、31～99冊が7割になっている。

障害児の場合どうだろうか。両角正子（2006）[*18]は（障害児の場合）「家庭だけの努力では絵本の楽しみ・喜びを手にすることは困難であり、そこに障害児施設の専門性が求められる」としている。しかし、特別支援学校（知的障害）において、読み聞かせを継続的に行うことは困難を伴う。それはなぜか。お話しができるようになった子どもたちは、すでに文字の学習が始まっており、多くの場合、作文や計算の学習が子どもたちの中心課題となるからである。

芦田朗子（2014）[*19]らは特別支援学校（知的障害）小学部における実態調査で高学年から読み聞かせの回数が明らかに減少しているとした。その理由について高学年の担任は「読み聞かせの時間がとれない」「特に必要性を感じない」などであった。しかし、見てきたように発達年令3歳から始まる時期において「他の心理機能を規定する中心的な力」はコトバの「記憶」であり、それは「大人との交流」（ヴィゴツキー2003）によって実現される。そして、読み聞かせは、「大人と子どもの相互作用場面」（内田2013）であった。以上の検討結果からすると、読み聞かせは、文字を獲得している子どもであっても、なお必要な学習だと思われる。

＊絵本を遊びの素材として、またはコミュニケーションの素材として活用することはもっと早い時期から可能である（第1章）。

## 提案① 彼の世界へ　～そこから広げる

担任した子で競馬に詳しい生徒がいた。いきなり昨日のレースのことを話しかけてくる。それを生き生き報告してくるのだが、他に話題が移るとさ～っと離れてしまう。

当時の私は、会話ができているので彼の会話について深く考えることはしなかった。しかし、今、やっと彼の「足かせ」が理解できたように思う。彼はちょうどこの階梯期にあって、世界を広げることにつまずいている状態だったかもしれない。

一方的な発話、限られた世界の発話など、コミュニケーション手段として弱さのある子どもたちをたくさん見てきた。彼らの「足かせ」を理解し、そこに手を当てる教育をするべきだった。今の私なら、昨日のレース結果のお話を聞いた後、馬の本を広げて「こんな本興味ない？」と、彼の声を聞いてみたい。もし、彼が興味を示すようなら毎日、馬が登場する本の読み聞かせをしたいと思う。

アマゾンで検索すると「馬」に関する絵本や書物が何百冊もあった。そして、馬からさらに広がる世界もある。もし、在学中、毎日続けていたら彼はもう一回り世界を広げ、新しい語彙を獲得し、職場の人たちと広く交流できるようになっていたかもしれない。

## 提案② 動画による導入、デジタル絵本の活用

アニメなどの動画を好む子は多い。しかし、動画を見ているだけでは大人との相互作用にはならない。障害児の場合、テレビアニメには夢中になっていても、本には見向きもしない子たちがたくさんいて、読み聞かせは、私自身、実践的に突破できなかった。

佐藤朝美（２０１３）[*20]らは、物語の記憶について次の比較結果を紹介している。

Ａ　紙絵本

Ｂ　紙絵本をそのまま電子化した本

Ｃ　音声・動画を含むマルチメディア本

①Ａ、Ｂは、Ｃよりも詳細の部分まで記憶している。

②ただし、主要な筋については、どれも変わらず記憶していた。

以上の結果からすると、

・アニメなどの動画が好きで毎日見ている。

・ストーリー性のある読み物で、彼が興味を示しそうなものがある。

・その内容の動画が入手できる。

上記の条件がある時、動画は、彼の世界を広げる読み聞かせへの導入として活用できるかもしれない。動画→読み聞かせは、ざっとあらすじを理解した上での読み聞かせとなり、「次、どうなると思う？」など会話しながら進めることによって、野沢（２０１８）のいう「双方向・対話的」交流へと発展できる可能性があるからである。

紙の絵本をそのまま電子化したデジタル絵本も、知的障害児の読み聞かせへの参加を広げるかもしれない。佐藤（２０１３）らは、紙絵本『まり』（谷川俊太郎、広瀬玄イラスト、クレヨンハウス出版）と、デジタル絵本／ｉＰａｄアプリ「まり」（日本出版販売）を使った読み聞かせの観察を行った（4～5歳児で4組の親子。どちらも母親による読み聞かせ）。

結果、次のことが観察された。

・ｉＰａｄアプリの「遊びモード」では、子どもが操作する動きに合わせて、母親が擬態語を言ったり、周りの状況を表現したり説明するケースが多く、子どもからは自分で発見した動きや場所を親に報告する発話が多く見られた。

・ｉＰａｄアプリの「読みモード」→「遊びモード」→「読みモード」に戻るケースがあった。２回目以降の「読みモード」では、親の読みに重ね合わせるように一緒に言葉を発する姿が見られた。

・ｉＰａｄアプリを触る時間が紙絵本よりも長く、繰り返しアプリを触っている姿が記録されていた。いっぽう、紙絵本は基本的に1回の読み聞かせで終了していた。

この結果から見る限り、デジタル絵本は、紙の絵本を苦手とする子どもにとっても、主体的に交流できる2次元教材になる可能性を秘めている。

## 提案③ 思春期・青年期は、大人社会の教材で読み聞かせ

渡部（1998）[*21]は、中等教育、とりわけ後期中等教育の重要な機能の一つとして、「学校から就労へ」ではなく、「学校から社会へ」「子どもから大人へ」へのトランジション（移行）保障をあげている。そして、鳥取大学附属養護学校高等部専攻科においては、新聞を教材にした「教養講座」[*22]が取り組まれている。新聞はたいていの家庭には毎朝配達されるし、駅やコンビニでも目にする機会も多い。新聞は多くの青年たちにとって、最も身近な大人社会の二次元教材だといえる。新聞の読み聞かせは、障害児教育（知的障害）の教材としていくつかの優れた特徴をもっているように思われる。

・「今日のニュース」というテーマで読み聞かせを続けた場合でも、記事は毎日更新されるので、子どもたちも教師も、教材の入手が容易である。

・大きなニュースは、テレビでも放映されることが多い。朝や夕方のニュースが予習や復習となり映像の記憶が彼の理解を助ける可能性がある。また、テレビニュースをタブレットに取り込み、静止画を見せながら読み聞かせをすることができれば、その静止画面は絵本の絵の役割を果たし、これも子どもたちの理解を助けることになるかもしれない。

・新聞の読み聞かせは、やがて新聞の「ひとり読み」に進む可能性がある。それは彼にとって大きな財産となる。生涯にわたって、世界を広げ、新しい「語彙」を獲得する学習ツールを手にすることになるからである。

・新聞の読み聞かせは、テレビニュースですでに見てきたであろう子どもたちに同一の記事を読み聞かせることになる。したがって集団での読み聞かせも可能だと思われる。

## 提案④ 読み聞かせの量（頻度）

クシュラは、1日14冊で奇跡を起こした。日本における4歳児は、「毎日」「ほぼ毎日」が半数を占めていた。芦田（2014）らは、特別支援学校の読み聞かせ高頻度クラス群は朝の会や終わりの会で行われているとした。私たちも終わりの会を工夫して発話学習を個別に毎日できるようにした。（第1章）高等部生になると着替えなどもひとりでできることから、朝の会が始まる前なども活用できるかもしれない。いずれにしても、読み聞かせは、コトバの拡張期にふさわしい量（頻度）となるよう工夫することが求められる。

## 「段取り」を具体化する活動で丸ごとコトバを「記憶」にため込む

ヴィゴツキーは3歳から始まる就学前期において、子どもの思考と行為との間に全く新しい関係が出現するとした。

状況から思惟へと進むのでなく、思惟から状況へ進む（ヴィゴツキー2003）

「思惟」を「段取り」（計画）と読み替えると教育実践を具体的にイメージしやすい。彼自身の

「段取り」が頭の中で描かれる。それをもとに実行、すなわち状況へ働きかける。そして、結果を出す。一連の過程は、最初からゴールまで彼の思考をぐることになる。よって、これらの過程のすべてが紙幣に印刷され、コトバの銀行へ送金される。コトバを一気に拡張すべき時期にこのような思考と行為との新しい関係が発生することは、実に発達の不思議であり理にかなっている。

この年令の子どもが全く新しいタイプの活動に移行する……すなわち計画を具体化する可能性……が発生する（ヴィゴツキー2003）

保育・教育実践は、子どもの思考と行為の関係が一新するこの時期を見逃してならないと思われる。言われるがまま動いている活動と、自ら「段取り」を頭に描いてそれを実行する活動とでは、「記憶」への届き方に差がある。

車である目的地へ向かう時、助手席に乗っているだけの走行と、自分で運転してたどりついた場合とでは、道順の「記憶」に大きな差がある。これと同じように子どもを助手席に乗せて、大人が運転しているだけの活動は、なかなか彼の「記憶」に届かないし、結果、コトバの貯蓄も進まない。したがって、この「階梯期」にあっては「段取り」を具体化する学習の展開が必要となる。以下、生活実務で「段取り」を具体化する力の育ちをこれまでの実践記録[*23]から紹介する。

## 一人で買い物

初日、近くのスーパーまで引率し「先生と一緒にみんなで」できる買い物から始まった。いわば、保護者付き買い物を何度か経験し、お店の場所や買い物の要領を見せたあと、いよいよ子どもも集団だけでの買い物へ行く。もちろん、お店の人には何も事前には伝えていない。誰だれは人参、誰だれはお肉と分担も決まっている。子どもたちは張り切って教室を出た。「やっぱり、途中まででもついていこうかな……」

小走りに玄関に向かう子どもたちの後ろ姿を追いながら、私は動揺を繰り返す。もし何かあったらどうしよう、スーパーの中でトラブルが生じたらどう処理するのだろうか。たいていこんなことを考えている。長い時間が過ぎた。やがて向こうのほうから子どもたちが走ってきた。「買ってきたよ」、息をはずませている。このように仲間といっしょの買い物を何度か繰り返した。

それに慣れた頃、ペア、トリオの集団をつくり、頼りになる友だちといっしょの買い物、逆に自分がリーダーにならなければならない集団での買い物を経験する。子ども集団の中で「渦」をつくりつつ、最後に一人での「買い物」に移行する。1983年から始めた「一人で買い物」学習は、1984年の春、目標にしていた最後の子が一人での買い物に成功して一段落した。

昨日はいずみやに買い物に行き、ひとりで〝玉子を買って先に帰る〟ようにに言ってお金をわたしました。姉にかくれて見届けさせました。お金を払い、おつりをもらって帰ったとのことでしたので、家に帰って見ますとおつりをだしてくれました。
「自分で買物ができたね」と誉めますと嬉しそうでした。　1984・5・21　連絡帳
「段取り」を組むためには、いくつかの情報が必要である。どこにお店があり、そこには何が置いてあって、何を買うのか、それはどれくらいのお金がいるのか、などの情報である。
この学習は、①〜④の順に進めた。
①教師と子ども集団での買い物
②子ども集団だけでの買い物
③子どものペア、トリオでの買い物
④一人での買い物
②〜③の段階でリーダーとなる子は、買い物だけでなく友だちの動きにも注意を配分すること（4歳の節の力の発揮[*24]）が必要となる。リードされる側はまだ助手席。しかし、みんなとの活動で必要な情報は入手できている。だから、一人での買い物当日は、出発前に学校へ戻ってくるまでの「段取り」ができている。すなわち、イメージ（計画）はできあがっていて、その「段取り」に従って、不安とたたかいながら一人で実行する。
これら一連の学習は、全力で思考をぐることから、丸ごと「記憶」として蓄積される。もち

ろん、コトバとして「記憶」されているのでいつでも取り出し可能、したがって、場所を変えてもできてくる。そして、さらに新しい「記憶」（別の店、別の物を買うなど）が刻まれる。

ひとりで買い物ができるようになり、小遣いを要求できるようになりました。　１９８３・12・22　連絡帳

昨日は、大根と卵を買いにいってもらいました。　１９８４・２・20　連絡帳

## 一人で料理

当時の私たちは、発達年令3歳から始まる時期の発達の中心が「記憶」であることも、「段取り」（計画）を具体化する活動が「記憶」のモーメントになることも知らなかった。ただ、知的障害があるからこそ思考をくぐらせる活動が必要だということは相当に意識していた。

なぜなら、知的障害児は考えることは無理だから、考えることを要しない作業を、がまんしてできるようにすることが重要だとする教育がまだ色濃く残っていたからである。しかし、それは逆である。思考を鍛えないと、作業もできないし「がまん」もできない。

一人での挑戦シリーズは、彼らが全力で思考をくぐらせていることが、子どもたちの表情、しぐさ、親からの連絡帳でわかっていた。たとえば、何回かみんなで練習した後の一人での「ご飯炊き」は、こんな風だった。

「次はおれ」「次はわたし」と、子どもたちは意欲をふくらませていく。それはまた緊張の一日でもあった。いつもより早く学校に来る子もいた。炊飯器をセットした後でも、そこから離れずに立っていた子もいた。時々不安そうに炊飯器のフタをあけて覗く子もいた。

それぞれ思考をくぐらせ、新しい経験を「記憶」に刻む。そして、経験した「記憶」は、場所を変え、家族の役に立つ「記憶」として再生される。それがまた新しい「記憶」としてため込まれる。

> カレーをすべてひとりで作ってくれました。母とちがった味のおいしいカレーがいただけました。　1983・10・2　連絡帳

> 仕事でおそくなりカレーでもつくっといてね、と電話をいれました。7時前帰宅するとおいしいカレーとサラダ菜、夕食ができあがりお風呂もわいて、お父さんのビールも冷えていま

した。　１９８４・11・27　連絡帳

・～のために～を作りたいと意図し、頭の中でデッサンをしてからつくり上げていく学習
・～のために作戦を練り、実行していく学習
・～さんのようになりたいと意図し、失敗し修正しながら、目標に向かう学習
・～が上手になりたいと意図し、試行錯誤しながら練習する学習

これらの「段取り」を具体化する活動は、助手席でなく、運転者になることであり、成功も失敗（間違い）もコトバとして「記憶」に蓄積される。その際は、友だちが大きな役割を果たす。ヴィゴツキーは、就学前期に子どもの趣味が再編されるとした。今まで直感的、感覚的な動機で興味・関心をもっていた世界が、意味によって規定され始める。「お母さん（先生）が誉めてくれるから」「お父さんが喜んでいるから」「友達といっしょだから」「大好きな～君が教えてくれるから」など、社会的な意味による興味・関心の再編である。それを可能にするのは、感情の発達である。

最初の感情的一般化が発生し、興味の入れ換えや切り換えが発生する（ヴィゴツキー２００３）

「～君にあこがれて○○○をする」（羨望）、「～したいけど恥ずかしいからこっち」（羞恥）。感情の分化により、子どもの行動は、より人との関係で決定される。したがって、実践現場においては、彼を取り囲む集団が世界を広げる上で特別な意味を持つ時期だといえる。友だちが関心を寄せている世界へ、自らも関心を寄せる可能性が開かれていく時期だからである。そして、友だちといっしょに活動するなかで自分も新しい世界の「段取り」（計画）ができるようになる。

ここに紹介した実践もクラス集団が「計画を具体化する可能性」（ヴィゴツキー２００３）へ挑戦する契機になっている。

## 「コトバ拡張教育階梯期」の実践評価の指標をどうするか

「コトバ拡張教育階梯期」の階梯期の発達の中心は、コトバの「記憶」であった。コトバの「記憶」は、「世界を広げる」×「思考活動」＝コトバの「記憶」である。そして、ヴィゴツキーの年令区分の基準は当該期の歩みを規定する力であることから、次の層（段階）までの発達の指標となり得る。同時にそれは、自らの実践を振り返る指標ともなる。各教科・領域の課題において「できない」から「できる」への変化があれば今持っている力の新しい場面での発揮である。できないままでも彼が自分で挑戦を続けている姿があれば、彼は思考をぐらせている。

さらに、すでにできていたことが材料を変え、道具を変え、場面を変えてできていれば、「ヨコへの発達」を豊かに展開している姿である。

では、中心的な学習であった読み聞かせの実践の評価をどうしたらいいのだろうか。これまでの検討からは、少なくとも、

①彼の世界を広げるものになっていたかどうか

②彼の思考をぐるものになっていたかどうか

③学習の量（頻度）は、「記憶」に届くものになっていたかどうか

この3点について何らかの指標が必要だと思われる。

現在、直接、コトバの「記憶」量を測定する語彙検査は何種類も存在する。前述のとおり、内田（2018）は、絵画語彙検査によって、保育形態と語彙力との間には関連があるとした。標準化された語彙検査の一つに「RVT—R絵画語い発達検査[*25]」がある。この検査の適用範囲は、3歳0カ月～12歳3カ月であり、3歳から始まる「コトバ拡張教育階梯期」も適用範囲となる。

しかし、これらの検査は読み聞かせだけの効果を測定するものではなく、当然のことながら、各家庭における経験の差も反映される。生活年令が高くなってきた障害児の場合、より生活経験効果が反映されることになる。したがって、これらの検査の結果は園・学校におけるさまざまな学習活動、家庭における経験など彼の生活全体が評価の対象となるが、当然、読み聞かせ学習の効果も含まれる。検査に使用される語彙は、各年令層の代表となる語なので、語彙得点の＋1は、背後に相当数のコトバの「記憶」の蓄積があると推測され、年1回とか、入学時と卒業時とか長いスパンで変化をとらえることに適している。

では、実践の区切り（例えば、学期）ごとに実施できる語彙検査はないのだろうか。もし、手づくりの語彙検査によって①～③の指標を得ることができれば、私たちは子どもたちに学びつつ読み聞かせの内容、方法を再検討して、次の実践を創っていくことができる。荻原廣（２０１４）[*26]は、日本人の語彙量調査の方法についての先行研究をまとめ、次の結論に達している。

①被調査者が内省した結果、その判断によって記入する方法でも語彙の調査は可能。
②たとえば、語彙に以下の符号をつける問題が出た時
○　よく知っていていつも使っていると思う語
ν　聞くか、読めば意味がわかると思う語
△　聞いた・読んだことはあるが意味のはっきりしない語
×　ぜんぜんわからない語
この時νが付けられた語彙は、「理解語として調査できたことになると思われる」とした。

上記、研究結果をもとにすれば、実践現場で次のよう語彙検査を作成することが可能ではないだろうか。
①読み聞かせを行った絵本や本の「～ページの～行」と「～ページの～行」と、あらかじめ決めておく。新聞なら記事の～行目と～行目と決めておく。

②決めた行の語彙を抜き出す。（標本）
③標本について「〜〜ということば、知ってる？」と尋ねる。
④「知ってる」と答えたら「どういう意味？」と聞いて簡単な説明を求める。
⑤正確な説明でなくても、もしそこに絵があれば選べるほどの説明があれば○とする。実際に絵や写真があればなおいい。その際は標準検査に準じ、４枚の中から選ばせる。

以上の検査で○となった語彙は、読み聞かせ場面で彼の思考をくぐり記憶されている語であり、その本や記事の内容は、彼の世界の広がりとして評価できるものと思われる。×が多い本や記事は、興味がないか、難しすぎる可能性があり、教材、方法とも再検討が必要となる。

学習効果の測定は、正確さのベクトルと、実践現場で無理なく測定できるという二つのベクトルの交叉を選択することが必要である。いくら正確な方法であっても、手間と時間がかかりすぎるものでは、忙しい職場にあって継続的な測定が困難となる。私の提案は、上記二つの検査方法の組み合わせであるが、果たしてどうだろうか。

【引用・参考文献】

１　当時のソビエト連邦の学校制度の「就学前教育」（幼稚園）は、３歳から7歳までを対象とし、小学校教育は8歳から。１９４４年度からは、７歳から小学校教育開始。ヴィゴツキー著、柴田義松訳（１９７９）『思考と言語（上）』明治図書

2　ヴィゴツキー著、柴田義松訳（1979）「思考と言語（上）」明治図書
3　「発達心理学辞典」ミネルヴァ書房
4　青柳宏（2010）言語活動の充実のために～L・S・ヴィゴツキーの言語発達論に則して～宇都宮大学「教育学部紀要」第1部
5　天野清（1979）発達の条件と教育の可能性「教育心理学試論」三和書房
6　ヴィゴツキー著、土井捷三・神谷栄司訳（2003）『「発達の最近接領域」の理論』三学出版
7　嶋津峯眞監修、生澤雅夫編著（代表）（2003）『新版K式発達検査法』ナカニシヤ出版
8　内田伸子（2018）学力格差は幼児期から始まるか？～保育と子育ては子どもの貧困を越える鍵になる、江戸川大学「子どものコミュニケーション研究所紀要」1号
9　久保容子他（2011）「2次元形成期」にある知的障害の人の労働の意義と支援のありかた「全障研しんぶん」N0468号
10　岡本正、河南勝、渡部昭男編著（2013）「福祉事業型「専攻科」エコールKOBEの挑戦」クリエイツかもがわ
11　黒田健次・須田正信（1993）養護学校高等部卒業者の予後調査～職場適応に関連する要因について～兵庫教育大学附属障害児教育実践センター、「障害児教育実践研究」1
12　内田伸子（2013）絵本と子どもの育ちについて～絵本の読み聞かせ方は子どもの学ぶ意欲や語彙力を左右する、「学校図書館」通信第754号
13　西本裕輝（2004）学力の規定要因再考～中・高生調査に基づいた試行的分析、琉球大学「人間科学」13
14　ドロシー・バトラー著、百々佑利子訳（2006）「クシュラの奇跡～140冊の絵本との日々」のら書店
15　野沢祥子（2018）東大の研究者に聞いた「読み聞かせ」、ホントの話し「mikiHOUSE出産準

備サイト」
16 梅本妙子（1989）「ほんとの読み聞かせしてますか」エイデル研究所
17 横山真貴子、上野由利子、木村公美、原田真智子（2007）4歳児の家庭における絵本体験～幼稚園での絵本体験をふまえての分析、奈良教育大学「教育実践総合センター研究紀要」16
18 両角正子（2006）障害児の子育て支援と療育における絵本の役割～コミュニケーションの力を広げる、「障害者問題研究」33（4）
19 芦田朗子、松島明日香（2014）特別支援学校における絵本の読み聞かせに関する実態調査、奈良教育大学紀要「人文・社会科学」63（1）
20 佐藤朝美、佐藤桃子（2013）紙絵本との比較によるデジタル絵本の読み聞かせの特徴の分析、「日本教育工学会論文誌」37
21 渡部昭男（1998）私立養護学校の高等部専攻科における教育課程の特色―本科と専攻科との関連を中心に、鳥取大学「教育学部研究報告教育科学」40（2）
22 渡部昭男（2009）「障がい青年の自分づくり」日本標準
23 山田優一郎（1986）「走れ！ ぼくらの青春特急」あゆみ出版
24 白石恵理子（2018）知的障害のある人の成人期における「4歳の節」「障害者問題研究」46（2）
25 上野一彦、名越斉子、小貫悟（2017）「ＲＶＴ―Ｒ絵画語い発達検査」日本文化科学社
26 荻原廣（2014）日本人の語彙量（理解語彙、使用語彙）調査を行うにあたっての基礎的研究佛教大学「京都語文」21

第5章

# 「自制心」(「しんどいケレドがんばる力」)は どのように育つのか

## がまんが育つのは、恐い大人か、やさしい友だちか

人間は一つひとつの階段を登って大人になっていく。社会は子どもたちにおおよそ発達の段階に応じた教育を準備する。順序よく準備された教育により、誰もが大人になってきた。「がんばる力」、とか「がまんする力」とか表現される「自制心」も大人になっていく途中で子ども自身が獲得していくものである。以下の記録は、1985年9月に研究サークルの冊子に発表した概要である（全文は拙著『走れ！ ぼくらの青春特急』（あゆみ出版、1986年）に収められている。

## 走って東京まで行こう！

高等部入学したての5月、毎年校内マラソン大会で利用しているランニングコースでの走る授業が3回あった。大きな池があり、一周がちょうど1・5㎞になっている。この時、ジュンさんが「走り続ける」ことができたのは、精々300〜400ｍであった。とにかく、走るというより、歩くことを主にして思い出したように走るのである。なかなか持続して走ることができない。

後ろから私が走り、大声で励ましても同じ状態で一周する。クラス全体で走って池の周りを一周できたのは、一人だけだった。秋には同じコースでマラソン大会の本番がある。「どうしたものか」と、私は頭をかかえた。

気になりながらも、走る課題での「しんどいケレドがんばる力」はそのままになった。そして、2学期、否応なく何らかの決断が迫られた。運動会が終わり、もうすぐ、マラソン大会の練習が始まる。このままで、ジュンさんだけでなく、クラス全員が歩いてのゴールになりかねない。練習初日、私は子どもたちに呼びかけた。

「順番は気にするな。抜かれても気にするな。ゆっくりでいいから、歩かないでゴールまで行こう！」

マラソン大会本番まで10回を超える走る練習で、私は「しんどくなっても歩かない」ことだけを強調した。そして、マラソン大会当日、子どもたちはともかく、ゆっくりゆっくり、一度も歩くことなく走り続けた。ジュンさんと明彦くんが最後にゴールした。私は順位を一切口にすることなく、「偉かったね。歩かなかったね」とふたりと握手した。ジュンさんは「うんっ」とにっこり笑った。

### 学級通信「つばさ」第29号

マラソン大会での完走が子どもたちのすごい自信になっています。みんなの気持ちの高まりにのって、走ることが毎日の課題となるように時間割を少し変更しました。子どもたちは、早速、今日から寒風をついて走ります。「ガンバレ」「ガンバレ」と自分に言い聞かせながら走ります。

マラソン大会は終わった。次の大会は1年後である。目標にするには遠すぎる。何か新しい目的を作り、近い目標を設定する必要があった。ふと、私は自分が新任だった頃の仲間の実践を思い出した。たしか、小学校で縄飛びを毎日続けるために東京までの地図を描き、全員の東京到着を目標にクラス集団で取り組んでいた。これだと近い目標が（伊丹出発）大阪となり、その次は京都……と、手の届く目標ができる。そういえば、ジュンさんからディズニーランドの話を度々聞いていた。

「そうだ。走って東京まで行こう！」

この時、まさか、ジュンさんの夢が実現するとは思いもしなかった。

「あそこの電柱まで、あそこを曲がったらすぐそこや。がんばろう」

ただ走るのでなく葛藤しながら、見通しをもって走って欲しい。そのため「東京まで行こう！」のとりくみは、毎日走るコースの地図づくりからはじまった。そこでとんでもないことがわかった。

## 学級通信「つばさ」第42号

地図を作成するために私の車に何人か乗り込み、学校周辺のコースをメーターで計ってみると、約1・2㎞しかありません。その上、これも地図づくり出発前に事務室から時刻表を取り出して調べてみると、東京までは何と550㎞もあるのです。きゅうきょ2㎞のコースを確認して帰ってきたのですが、帰ってきて計算すると1日2㎞ではとても年度内に東京までは着けないのです。このようなアクシデントが続き、1日に走る距離がとうとう4㎞になってしまいました。

**S・ジュン**
今日、マラソンをしました。

門を出てまっすぐいき、曲がって少しいって曲がって、このくりかえしの道を毎日走ります。

先生が「ファイト」というと章くんたちも「ファイト」とまるで、山びこのようにかえってきます。

学校の近くまできた時、みんな明彦くんと私をぬいて早く走った。

みんなものすごいなあと思った。

でも、私も明彦君も、しんどくてもがんばって走りとおした。

やっと、門をこした。

マラソン終わってとてもうれしかったけど、がんばってマラソンを続けようと思いました。

ジュンさんは、クラスで一番しっかりしていた。しかし、自分を抜いて走り去っていく仲間への尊敬、そして走りが苦手でいつも自分と同じペースで、それでもがんばって走る明彦君の存在。ジュンさんのがんばる力は仲間たちに支えられていた。距離が４㎞になっても、もうジュンさんは歩くことはしなかった。

「京都」「米原」「名古屋」……教室の後ろに貼られた地図の線路が塗りつぶされていく。その途中にとんでもない相談がもちあがっていた。保護者会が相談し、子どもたちが東京に着いた暁には、保護者の費用で本物のディズニーランド行きを実現しようということが決まったのだ。すぐに費用の積み立てが始まった。

「東京へ行きたいか」と聞きますと、「行きたい！」とうれしそうな返事がかえってきました。　１９８５・11・８　連絡帳

４㎞挑戦の初日。走り始めると様相が変わってきた。ペースが落ちてきた子に私がファイト、ファイトのリズムで「ガンバレッ」「ガンバレッ」と声をかけると、他の子どもたちがその子に近づき、私より大きな声で「ガンバレッ」と唱和してきた。前の子がペースを落とし歩き出しそうになると、すぐ後ろの子が「歩いたらダメッ」と軽く肩をたたいて励ましたりもしている。もちろん、それまで毎日走ってきた効果もあったに違いない。しかし、子どもたちの４㎞完走の秘

密は、集団の力だった。

こうして、とうとう、ジュンさんは東京までの550kmを走り抜いた。当時の実践を振り返った時、けっきょく、私たちは次の結論に達する。4歳の節を越えた子どもたちのがんばる力は、それが「子どものプログラム」（ヴィゴツキー）になった時に発揮される。そして、それは恐い大人の存在ではなく、仲間の存在に支えられて発揮される。

社会人となったジュンさんは、一般企業に就職し、49歳まで働いた。持病が悪化し第一線をしりぞいたが、また週三日勤務の作業所で働き出した。ジュンさんは、私の近くに住んでいて、お母さんと本人に「もう、ゆっくりしたら」と話したのだが、ジュンさんは、まだ仕事を続けている。つい先日、ジュンさんが、作業所でつくったクッキーを持ってきた。

「ジュンさん、これ作業所で売ってるもんやろ？　金払うから」と言ったのだが「これは、私から……。お金はいいです」と、35年前、マラソン大会で最後にゴールして握手した時のようにジュンさんはにっこり笑った。

## 「がまんする力」は発達に規定されている

田中昌人は、「自制心」が育ってくる時期を4歳頃としている（田中昌人・田中杉恵『子どもの発達と診断　3　幼児期I』1984大月書店）。それ以前の流れは以下のとおりである。

1歳半頃――自我の拡大
2歳半頃――自我の充実・第一反抗期
4歳頃――――自制心

上記のように「自制心」の育ちは4歳の節（図⑥、57ページ参照）を越えた子どもたちの特徴である。その前の段階の子どもたちは、自我を拡大、充実させていく時期であり、発達が進むほど自己主張を強くする。いわゆる「第一反抗期」である。自己主張を強めてくる子どもたちに教育実践は一定の混乱を余儀なくされる。しかし、田中（１９８４）は、自制心を育てていく発達的前提として、２歳前半の自我の充実は「必要不可欠」とする。

だとすれば、彼らの反抗は意味ある反抗であり、まだ4歳の節を越えていない子どもたちに「自制心」（がまん）を求める学習が継続した時、それは自我形成の芽を奪い、「自制心」獲得への道をますます遠ざける結果となりかねない。

すでにここでは、発達年令4歳を越えた子どもたちが「自制心」を発揮する条件を見てきた。では、まだそこに至っていない子どもたちの自己主張とどうつきあっていったらいいのだろうか。当時の私の学校の研究サークルが出した到達点は、次のとおりであった。

「結果」としてがんばれる環境、状況をつくり出す。

## 「自制心」が育つ前のがんばりは、こうして引き出す

以下の6つの事例は、1985年5、6月、研究サークル（「こやの里障害児問題研究会」）の例会で報告されたものである。（ ）内は担当者が記入した発達年令（推定）

### 事例① 自己主張ができる力を生かす

Y・かずまさくん（3歳前後）

机にはってある名前シールを見て、「ボク、シール大好き」とつぶやいたのがきっかけ。週2時間ずつ、2学期いっぱい休みなく続き、家でもするようになった。1枚のプリントを仕上げるたびに「どっちがいい？」「どっちのプリントをしたい？」と、自分で選択させた。「結果」、がんばれた。

### 事例② 見通しがあれば、「結果」がんばれる

F・かよこさん（1・5歳前後）

運び学習を座りこんで拒否することの多かったかよこさん。「これだけ運んだらおしまい」と終わりが見えるようにしたら、運ぶことができるようになってきた。終わりが見とおせた時に

「結果」、がんばれる。

**事例③　少しの努力でできる教材を準備する**

A・なおさん（1歳前後）

たえず、一対一の指導を必要としていたなおさん。区切られた箱の中にフィルムケースを入れる教材を準備するとま全くひとりで取り組むことができた。教材の力で「結果」としてがんばれた。

**事例④　補助具の効果でがんばれる**

M・としみさん（2歳前後）

道具の使用（ハサミ）を課題としていたとしみさん。下敷きの2枚に溝をつくり、そこに紙をはさんで、紙を切る学習をした。紙を切るところがはっきりわかり、紙がぺらぺらしないので意欲的に取り組む。結果、補助具の力でがんばれた。

**事例⑤　きよしくんが、1・5㎞を完走した**

F・きよしくん（1・5歳～2歳）

おどおどして、手をひっぱったり、少し押したりしても固くからだをちぢめて運動会では、全く走ろうとしなかったきよしくん。「いっしょに体を動かして遊ぶことが楽しい」と思ってくれるよう徹底的にいっしょに遊んだ。マラソン大会当日は、後ろから声かけをしながら伴走。声かけされることが楽しくて、ケラケラ笑いながらゴールまで自力完走。「結果」として、1・5kmを走り切った。

**事例⑥「……のつもり」でがんばれる**

K・いちろうくん（3歳前後）

マラソンの拒否が続くいちろうくん。終わりの会の絵日記ではいつもウルトラマンタロウを書いて「タロー」と言いながら、ウルトラマンタロウのまねをしてみせていた。

「そうだ、ウルトラマンタロウの『つもり』で走らせてみよう」

風呂敷を首に巻き付けて　彼にとってはマントをなびかせて、いちろうくんは走った。影が朝日によって映し出され、その影で自分のマントの揺れ具合を見ながら、彼は走る。ウルトラマンタロウの「つもり」になって、「結果」、彼は走る学習に復帰した。

このような事例は、どこの園・学校にも山ほど存在する。まだ、「自制心」が育つ前の子どもたちのがんばる姿は実に多様で面白い。子どもたちの「結果」としてがんばる力を引き出すことは専門家としての腕の見せどころでもある。従わせる力に頼っていたのでは、腕は上がらない。

「自制心」が育つ前の時期の子どもたちは、「結果」としてがんばれる活動を豊かに展開しながら、4歳の節へ向かうことになる。そして、4歳の節を越えた時、少しは不安なことも、少し恥ずかしいことも、少しは苦手なことも「がまんして」できるようになる。ただ、見てきたように4歳の節への到達、そして次の7歳の節までの歩みを規定するのは「がまんする力」ではなく、「発話行為」であり、コトバの「記憶」である。

第6章

# コトバを準備する時期の教育をどうするか

## 「自傷行為」から考察する

## 「困った行動」（問題行動）から見えてくるもの

ことばのない子どもたちの「困った行動」（「問題行動」）を考える時、どうしても山田一彰の『失語症の歌――手記・脳外科手術患者の復権』に触れざるを得ない。私は山田と何度か研究会で同席した。同じ名字だったのですぐに名前と顔を覚えたこともあり、回復された後、駅から研究会の会場までご一緒したことがある。

ふたりで会場までゆっくり歩いた。普通に会話ができていたから、彼の壮絶な経験を知るよしもなかった。山田は、1978年『失語症の歌』（ぶどう社）を出版した。彼は、クモ膜下出血に伴う脳外科手術で失語症におちいっていた。回復後、次のように述べている。

「手術後は、何を話そうとしても『アーアー』というばかりで、言葉にならない。次第に言葉が出るようにはなってきたが、思ったことを口に出していえないので無口になってしまった」

そして、とんでもない「困った行動」が出る。

「なかでも、陰部を四六時中掻いていたことも、残念ながら言われれば記憶しているように思う」

当然、近くにいる妻がそれを制止した。その後の山田の記憶は、ことばのない子を理解するためのヒントとなる。

「当時の私には、むしろ妻が制止することの方が、逆に全く不当なことに思えてならなかった」

とうとう、山田は包帯とひもで手を縛られてしまった。しかし、山田はさらに抵抗する。「大きな声とともに自由に動かせる手で包帯を抜き取り、再び手の自由を確保した」

大声を出し、暴れたのである。山田の職業は小学校の教師だった。ついこの間まで教師だった人でさえ、言葉を失った時、人前で陰部に手を出し、それを妻に制止されると大声を出して暴れる。ここに、伝えたいのに伝えることができない人たちの苦悩がある。もちろん、山田の「困った行動」は、リハビリによって言葉を回復し、意思を伝達できるようになった段階で消失した。

私たちは、サイン言語の獲得でも同じような経験をした。

●Kさん。中一女子。障害「小頭症による強剛型四肢運動麻痺」

ことば、「ア〜ア〜」の発声のみ。

困った行動〜パニック。学校ではほとんどないので、母親に聞いた。

「泣いて、ところかまわず、道路などにも頭を打ちつける。血が出るくらいになる」

「理由は、はっきりしないことが多いが、伝えたいことが伝えられない時が多いように思う」

彼女は、入学2年目からサイン言語の対象となった。7カ月で彼女が伝えることができるサインは次のとおり。

実践期間——1988年4〜12月

結果：学習を終了したサイン（語彙数）66

そのうち、生活の中で自発的に使用したサイン　53（80％）

翌年、パニックは以下のようになった。（母親のお話―担任からの報告）

「サインで伝えたいことが伝えられるようになっている。大きなパニックはなくなった。夏以降は、一度もない」（1989年2月）

「少し泣いたりすることは時々あるが、パニック状態にはいたらず、理由がわかるようになった」（1989年2月）

子どもたちの「困った行動」に直面した時、まずもって「彼には何か言いたいことがある」としなければ、問題の解決はできない。「何か理由があるはずだ」として、訴える術《すべ》をもたない子どもの声を聞かなければ問題は1㎜も解決しない。

## 「自傷」

シン君の「自傷」もすさまじかった。それを止められるとますます激しくなって、止めるほうともども、パニックにおちいった。シン君は、当時、中学部1年生の男の子だった。障害は、「脳性マヒ」「知的障害」。歩行開始は2歳8カ月。ことばは、全くなかった。ブランコが好きで、それができない時は草や本を触って、感触遊びをしていた。そして、1日に何度もオシッコの失敗があった。

不安定な歩き方であったが、歩くことは何とかできたし、機嫌のいい時はひとりでジャンプして遊ぶこともできた。発達検査では、ことばの指示によって、目、鼻、口など体の部位を触ることも、身近な物の絵を指さすこともできなかった。

シン君の「自傷」の内容は以下のとおりである。

・手のひらでほほをたたく。
・ゲンコツであごをたたく。
・床や壁に頭を打ちつける。

4月当初のシン君が「自傷」を起こした場面が次のとおり記録されている。

観察① ブランコからの帰り、もっとしたくて「自傷」(4・14)
観察② 「トイレに行こう」と声かけしてトイレへ連れて行くが、トイレの前で座り込んで「自傷」(4・16)
観察③ 散歩に出かける時、グランド(ブランコ)の方へ向かい「そこ、違うよ」と止められて「自傷」(4・16)
観察④ かんたんな作業を指示されて「自傷」(4・21)

毎日あるような気もするし、そうでないような気もする。いったい、どれくらいの「自傷」になっているのだろう。5月の連休明け、学級の体制も落ち着いた頃に10日間の調査を行った。

図⑩　シン君の「自傷」回数（5 月）

| 月 / 日 | 5/9 | 5/10 | 5/11 | 5/12 | 5/13 | 5/14 | 5/16 | 5/17 | 5/18 | 5/19 | 計 |
|---|---|---|---|---|---|---|---|---|---|---|---|
| 回数 | 1 | 1 | 0 | 3 | 2 | 0 | 2 | 2 | 1 | 0 | 12 |

＊ 15 日は日曜日

時間は、登校時からスクールバスに乗せるまでの時間。家での「自傷」はカウントしなかった。他にも小さい兄弟姉妹がおり、母親に調査の負担をかけるわけにはいかなかったからである。結果は、図⑩のようになった。

観察①は、ブランコを「もっとしたい」という願いを伝えることができたら起こり得ない「自傷」である。ブランコを降りる前に声や表情やしぐさなどで自らの思いを伝えることができない、いわば、コトバがないことによる「自傷」である。これは別の側面から見れば、教師が願いを読み取れなかったことから起こる「自傷」である。もし、声かけして彼がブランコを降りるまでの間に彼の表情やしぐさから彼の内なる声を聞くことができたら防げる「自傷」だった。

学校がそこまでして子どもの機嫌をとることはないだろうと思う人がいるかもしれない。しかし、当時私が勤めていた学校だけでも、顔への「自傷」で2名の子が失明した。せっかく自由に歩けるまでになったのに、彼らの行動はより制限される結果となった。

教育は、子どもたちの自由を拡大するためにある。障害を持って生まれてきた子どもに、これ以上の障害を背負わせ、不自由さを広げてはならない。したがって、観察①のように彼の声を聞くだけで防げる「自傷」なら、いくらでも聞いて失明のリスクを減少させることが学校に課せられた大切な役割だと、当時も今も私は考えている。

コミュニケーションができないことによる「自傷」を減少させるためには、学校の中で彼とツーカーの仲になる教師が必要である。彼の表情やしぐさ、タイミングなどで彼の気持ちが読み取れる教師を彼は必要としていた。その教師の背格好や声、しぐさでいつもの人であることがわかり、安心できる教師である。シン君には、採用されたばかりの若い教師が張り付いた。彼は、シン君を弟のようにかわいがり、どんどんシン君の声を聞くことが巧みになっていった。

観察④は、与えられた教材を前にしての「自傷」である。学習課題がどうしたらいいかわからない、何をしたらいいかわからない、授業が面白くないという教師に対する「抗議の自傷」である。

当時「ことば」の時間で一語文の獲得や二語文の獲得に向けての授業をしていた。もちろん、体育、音楽、手指を使う作業系の学習もあった。私たちは、彼の進んでいるところが発揮できる体育、音楽以外の学習はすべて別集団、別メニューとした。「抗議の自傷」を減少させるための措置だった。

学校での学習は何がしかの教師の説明をもとに活動が展開される。説明がわからないと皆目わからないことになる。だから、彼の抗議はもっともなことだった。別メニューで、「これならどう?・」「これはどう?・」と、教材(「物」)で彼ができることを探っていく。

最終的にたどりついたのは、玉を箱に入れていく学習であった。彼がもつことができるほど大きな玉を用意する。それを箱に入れる。コトンッと音がする。一つ入れたら誉めて握手をする。こじつけの「介入」ではあったが、彼は「介入」を嫌がらなかった。普段は「常同行動」（草いじり、服いじり、本さわり）をしているので、この学習場面と給食場面だけ、手・指を意識的にコントロールすることになる。そして玉を入れる回数だけ一日何回も誉められる。

エネルギーを少しの間だけいつもと違う方向に向ける、それが終わるとリラックス。「ことば」の学習の原則はここでも応用した。5〜10個の玉を入れ、その回数だけ誉められ、玉のお皿がからっぽになったら、学習は終わる。彼は中庭に出て草いじり（常同行動）を始める。しばらくしたらまた声をかける。こうして、「抗議の自傷」が出ないような仕掛けがつくられた。

観察②（トイレ前での「自傷」）、観察③（校門前での「自傷」）からも、シン君の声を聞く。教師が近づき大きな動作で声をかけてきた。彼は立ち上がった。きっと、ブランコへ行けると思っていたのだろう。だから、機嫌よくついてきた。トイレの入り口に来て、廊下とは違う床、男子便器が見える見慣れた空間に気付き、そこがどこであるかがわかった。その瞬間、怒りが沸いてきた。

「なんだ。ブランコじゃないのか。いいかげんにしろ」

「怒りの自傷」である。

観察③は、教師からもっとひどい仕打ちを受けた。今度は、トイレを素通りし玄関まで来た。そして靴を履き替えた。今度こそグランドに出てブランコに乗れると思ったに違いない。だから、玄関を出るとブランコのほうへ小躍りしながら向かった。しかし、事もあろうに「そこ違うよ」と止められたのだ。そして、校門近くに来ると門があり、門扉があり、向こうに道路が見える。ここへきてブランコには乗れないことを察知した。今度こそ「いいかげんにしろ。ブランコじゃないのか。ややこしいことをするな」と「怒りの自傷」が始まった。

このような教師の側からの伝達不足と子どもの側の思い違いからくる「怒りの自傷」。これをどうするか。私たちは、当時彼が受け取れるメッセージ、私たちが彼に伝えることができるメッセージを「環境言語」（以下「環境語」）とした。トイレの丸い入り口、廊下とは違った床の色、見慣れた男子便器、独特の臭い――これらすべての環境全体から、彼は「トイレ」というメッセージを受け取った。

校門の門、大きな門扉、向こうに見える道路、そこへ向かっていく集団――これらの環境全体を把握して彼は、ブランコではなく外へ出ていく活動だと気が付いた。だから「自傷」した。ならば、私たちも環境全体で彼にメッセージを送ろう。これが私たちの言う「環境語」誕生の瞬間だった。

**図⑪　シン君の「自傷」回数（10月）**

| 月/日 | 10/3 | 10/4 | 10/5 | 10/6 | 10/7 | 10/8 | 10/10 | 10/13 | 10/14 | 10/17 | 計 |
|---|---|---|---|---|---|---|---|---|---|---|---|
| 回数 | 0 | 0 | 1 | 3 | 2 | 0 | 0 | 0 | 0 | 0 | 6 |

*9日は日曜日、11日は振替休日、12日は代休、15・16日は欠席。
*10日は運動会。制限の多い1日であるが「怒りの自傷」0となった。

時代は過ぎて、つい最近、シン君への取り組みをいっしょにしていた仲間と数十年ぶりに居酒屋で会った。酔いも回ったところで、突然彼が言い出した。

「そう、いえば昔、環境語という話しがあったなぁ」「そうそう、シン君の時、なつかしいな～」「なぜか、環境語の話し合い、印象に残っている」「しかし、具体的には何をしたかよく覚えていない」「確かに……」

「自傷」場面における彼の内面を探っていく過程で構想された「環境語」は、その後も事例が追加された。たとえば、給食前にエプロンをかけると彼はニコッと笑うことがあった。いつもではなかったから、エプロンだけでなく、すでに給食準備を始めている隣の教室からのおいしそうな匂い、みんな給食室に出かけていなくなった教室、そしてエプロン――このような環境の全体を把握して彼は直後に来る楽しい時間、「給食」というメッセージを受け取った。

居酒屋での思い出話のように「環境」でメッセージを伝える私たちの取り組みはつめが甘かった。どこまで具体化されたのか記憶がない。ただ、ブランコへ行く時と外へ出かける時、出口を変える、それだけで

「環境語」となり、「怒りの自傷」は減少する。他にも行き先を知らせるために何かもたせるなど、いくつかあったような気もするが記憶が定かではない。ともあれ、シン君の声を聞くだけで彼の自傷は6カ月後に半減した（図⑪）。「環境語」の具体化がもっと進んでいたらもっと減少していたかもしれない。

以上のことから構想できる「コトバ準備教育階梯期」の教育内容について検討する。

## キーパーソン制

「自傷」の反対、激しい「他傷行為」（他人を傷つける行為）によって、家庭も学校も疲弊することがある。私の学校で「他傷行為」が消失、または問題とならない程度に減少したケースが2つある。さして特別な取り組みをしているようにも見えなかった。

一人は、弱い子を後ろから突き倒す行為である。プールでも押すことがあるので注意するよう全職員に徹底された。もう一人は、突然、隣の人をたたく行為である。ほっぺたを狙うのか、どこでもよかったのか記憶にない。ただ、下校バスの発車時刻、玄関は混雑しているのだが、その子が来ると教師たちはすっとまるで大名が通るかのように後ずさりして道を空けた。

ふたりとも3年後くらい経った頃だと思う。彼らの問題行動は少なくとも問題ではなくなった。誰かが押されたという報告もなくなって、プールで注意を呼びかけられることもなくなった。もう一人も、事情を知らない新しい教師たちはたたかれた経験がなく、玄関で大名が通るかのように道をあける風景もなくなった。詳しい経過はわからない。

ただ、私は二人の生徒の顔とともに、いつものこの二人の生徒に寄り添っていた二人の若い教師の名前を今でも思い出すことができる。もし、教育の力で激しい「困った行動」（問題行動）を軽減しようとするならば、とりあえず彼らはキーパーソンを必要としている。私の中では強烈な出来事だった。

ところが逆も経験した。「大変な子は交代で」「担任が気の毒」という議論から、一週間交代、ひどい時には一時間交代で何人もの教師が回り持ちするケースに遭遇した。キーパーソンが定まらない状態で彼の「困った行動」（問題行動）は、拡大・増幅し収拾つかない事態になった。しかし、卒業後、彼は小さな作業所に入所し、必然的に担当者が固定されると、まるで人が変わったように落ち着いた。

シン君の「自傷」とキーパーソンの効果は見てきたとおりである。シン君も、彼の表情やしぐさから彼の気持ちが読み取れる、いわば、彼の声が聞こえる教師を必要としていた。「コトバ準備教育階梯期」の子どもたちは、ひととの関係を築きながら一語文獲得へ進む。キーパーソン制は再学習の視点からも必須な条件だと思われる。

## 校時表フリー制度

観察①の場面において、ブランコに「もっと乗りたい」という願いが伝達できずに起こる「自傷」を防ぎたいと思ったとしよう。そして、彼の表情で「あっ、降りるのを嫌がってるな」と理解できたとしよう。

その時、次のタイミングまで彼を乗せておける学校とはどんな学校なのだろうか。学校には校時表（時間割）があって、何時何分から何時何分までは何々の勉強と決められている。体育館や音楽室も使用時間は、校時表どおり決められている。その時、次の体育の時間が決まっていたら、彼の願いが読み取れたとしてもどうしようもない。時間どおりに体育館に集まらなければ体育の先生は授業を始めることができないからである。

彼の表情やしぐさから、もっと乗りたいというサインを理解できた時、「わかった。もう少し乗っていいよ。先生もつきあうから気にするな」と、シン君に伝えられる学校でないとせっかくのキーパーソン制も役に立たない。シン君の場合、私たちはシン君と担当者を授業の開始時間に遅れていいことにして、学年だけの小さな校時表フリーを実現した。つまり、事実上、校時表の撤回である。

「コトバ準備教育階梯期」の階梯にある子どもたちのための校時表は、次のようにしたらどうだろうか。

午前中は、好きな感覚遊びと体を動かす活動、午後は手・指の活動と、大きく目安をつける程度にする。

細かい時間は決めずに、子どもの声を聞きながら、子どもの表情を見ながら子どものタイミングに合わせて学習を進める。もちろん、学習内容は全体で知恵を出し、討議する。

校時表フリーにより、彼の出したどんなしぐさも見逃さず、基本的に彼の要求が実現できるようにする。

つまり、シン君が勘違いしてブランコへ走り出した時、ブランコを先にして「散歩」を後にできる学校である。「怒りの自傷」を回避できる上、「散歩」が後の時間に回ったからといって、「散歩」の教育効果が薄れるわけではない。

こんな時、担当者が瞬時に判断して校時表を入れ換えることができる学校である。校時表フリー空間の中で、信頼し信頼されながら人間関係を深めつつ、それをバネにして彼は次の「コミュニケーション手段獲得教育階梯期」へ向かうことになる。

## 「コトバ準備教育階梯期」のコミュニケーション空間

「環境語」から導かれる学習空間は、説明はするが教師のことばはサブとなり、基本的にはその物、設備など、ある特定の環境を見ただけで子どもが何をしたらいいかわかる空間である。例えば「遊び空間」では、大人の援助がなければ遊べない遊具を用意する。できたら向かい合って座れる自転車、いっしょに乗れるブランコ。電気仕掛けの大きな象。その物を見ただけで、乗り込む、またぐなどがわかるものである。そして、それを動かすのには大人の協力が必要なようにセットする。

やがて、子どもがどれかの遊具で遊びたい時、大人に何らかのサインを送る必然に迫られる遊具である。こうした環境があれば、毎日が「発話行為」への働きかけとなる。体を動かす活動では、例えば本格的なアスレチックである。アスレチックは、器具の存在そのものが体をどう使うか子どもにメッセージを与える。子どもは何度か学習するうちにそのメッセージを読み取り、手と足をコントロールしながら前に進む。グラウンドの外周にある場合は、一周でゴールになるように体のいろんな部位が自分でコントロールできる多様な器具を用意する。

手・指の活動にはどんな空間がいいのだろうか。

音楽室のドアには大きな太鼓の絵を描く。子どもは太鼓をたたくバチをもって音楽室へ行く。中には大きな太鼓が一つだけあって、子どもは太鼓を好きなだけたたいて帰ってくる。太鼓が嫌いなら、カセットを持っていって一曲聞いて帰ってくる。ただし、その時は大きなイヤホンがあるコーナーを準備し、そこへ行けば音楽が聞けるようにする。ここでも環境（設備）がメッセージとなって何をするかがわかる。

また、手・指に神経を集中させる時間でもあるから、スイッチは彼がオンにできるように工夫する。

図工室には、カスタネットタイプのハサミをもって出かける。部屋には何本かの紙テープがピンと張ってあって、少しの力で切断できるようにしておく。1本でもいいし、2本でもいい。それを切り落として帰ってくる。ピンと張られた紙テープがメッセージである。

木工室へは、木槌をもって出かける。部屋の中には大きな障子があり、木槌を振り下ろして、障子に大きな穴を開けて帰ってくる。大きな障子が何をするのかのメッセージである。

調理室には大きな紙コップをもって出かける。中にある洗い場と水道がメッセージである。蛇口は、かんたんに操作できるものにして、下で教師がコップを構え、彼が水を出す。あふれても構わない。一定のところで水を止めるのは、まだ難しい。あふれたら止めるよう声をかける。冷蔵庫にカルピスを入れておいて、教師が水の量を調整したカップに少しだけ混ぜる。それを飲んでまた水道からのメッセージを受け取り、蛇口から水を出す。その水で教師がコップを洗い、帰ってくる。

これでどのくらい歩くことになるだろうか。途中に階段などあれば、歩く力の多様な展開となる。彼が環境からのメッセージを受け取り、「手・指」を自分の思考をくぐらせて操作する場面はどのくらいになるのだろうか。環境がメッセージなので何日かするうちに無理なく、彼は活動内容を理解できる可能性がある。

ただし、知覚に働きかけるコミュニケーション空間は、彼へのメッセージがわかりやすくセットされていなければならない。違うメッセージになるものがあると混乱する。遊び空間、アスレチック空間も同様である。出発する時は、これからどこへ行くのかメッセージとなる「物」を渡し、それを持って目的の学習空間へ向かう。やがてその「物」を教師のところに持って行けば願いは実現できるようにする。

以上は、知的障害で歩くことはできるシン君をイメージして、歩ける力を生かしながら認識に働きかける学習を構想したものである。ここでも、「発話行為」以外の領域の発達は推定となる。したがって、手・指の発達のレベルの違いによる差が想定され、その際は操作道具の難易度で調整が必要となる。

要は、「環境語」で彼との交流場面を広げながら、環境の中から特定の「物」がメッセージとなるように組織することである。「物」それ自体が、何か他とは違う意味を持った時、「物」が指さしの対象となるし伝達の手段ともなる。

前述のとおり、ヴィゴツキーは、幼児期（1～3歳）の年令区分の基準を「知覚」とした（神谷栄司「未完のヴィゴツキー理論～よみがえる心理学のスピノザ」2010年、三学出版）。そして、「知覚」こそ、「外界の事物・事象をひとまとまりの有意味な対象としてつかむはたらき」（「三省堂大辞林」）だった。だからこそ、シン君は、トイレの丸い入り口、廊下とは違った床の色、見慣れた男子便器、独特の臭い――これらすべてをひとまとまりの意味あるものとしてつかみ「怒りの自傷」を始めた。

まさに、シン君の「自傷」は、乳児期と幼児期をわける画期的な力、「知覚」の育ちによって引き起こされていた。だから、私たちは彼のもっている「知覚」力に依拠し、「環境語」でもっとコミュニケーションすべきだった。もし、そこに早く気付くことができていれば、彼はもっと自由に暮らせるようになっていたかもしれない。

ここまでの検討を「コトバ準備教育階梯期」の内容として構想するならば、この期の始まりを「知覚」が発達の中心となる（ヴィゴツキー２０１０）１歳とすることに一定の合理性を見出せる。長嶋瑞穂（１９７４）が紹介しているエリコニンの発達の源泉についての記述（「個人の系の発達と発達保障「障害者問題研究」第2号）は以下のとおりである。

「子どもをとりまく現実（環境）のすべてが、彼の心理的発達の源泉（栄養）なのではない。それが同化しつつあるもの（理解しつつある環境）だけが源泉（栄養）となるのである」（括弧内は筆者）。

「コトバ準備教育階梯期」におけるコミュニケーション空間は、園・学校に彼が理解しつつある環境を準備することにほかならない。

## 「コトバ準備教育階梯期」の温度計

この時期の発達の中心は「発話行為」であった。当然のことながら、コミュニケーション手段としての発話（意思表示）はその場の状況とセットである。状況と無関係な単なる発声は、コミュニケーション手段とはならない。したがって、「環境＋コトバ理解場面」と「発話・意思伝達場面」の量的拡大が次の節に向かっての温度計となる。前者は「知覚」の発達であり、後者は「知覚」と密接に結び付いた「発話行為」の発達である（図⑫）。

図⑫　コトバの世界へ向かう温度計

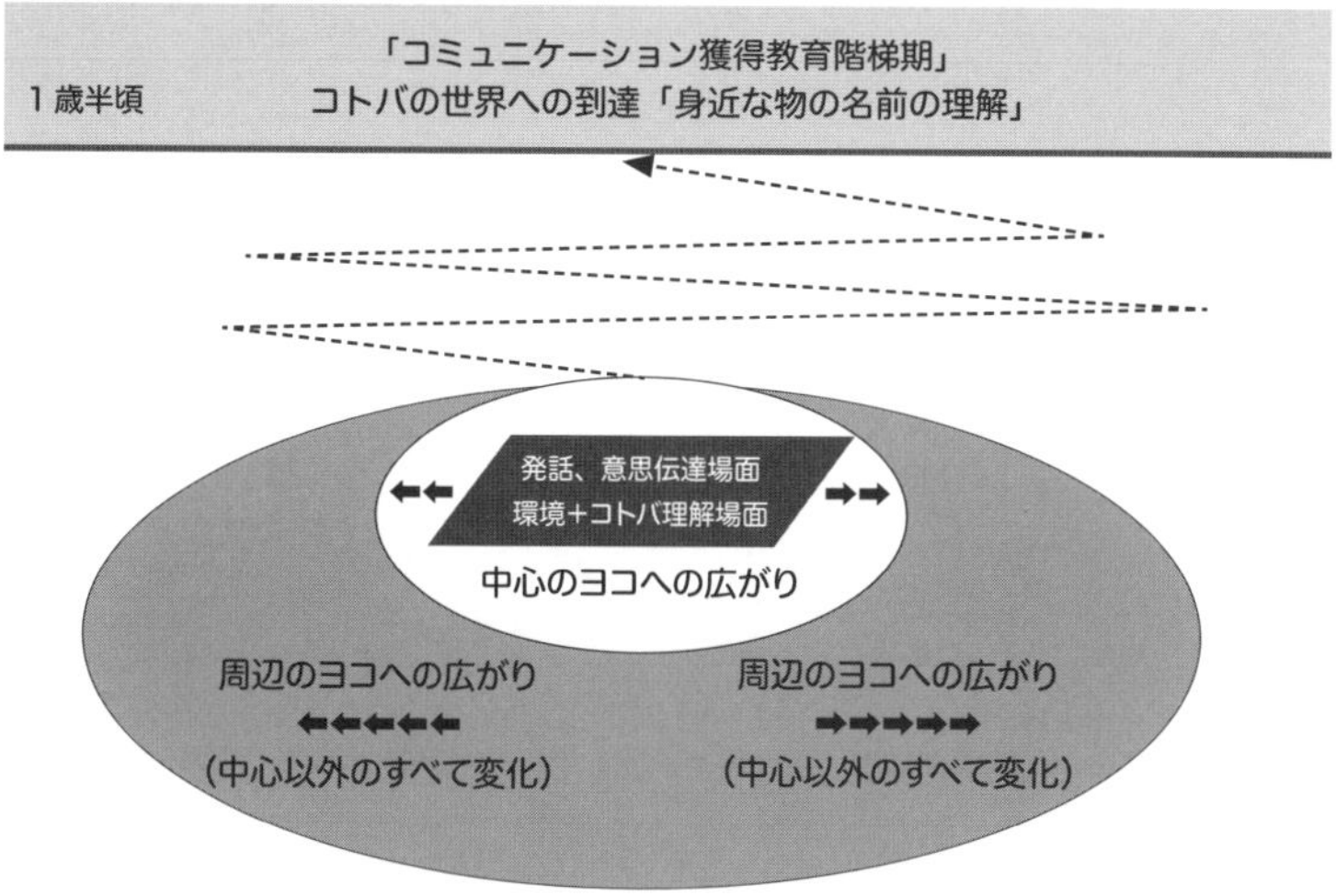


二つの指標を次の階梯期に向かっての温度計とするためには、

①どんな環境（場面）で教師（友だち）の身振り、コトバ、表情を理解して自分で動けたか。

②彼がどんな場面で、何をどんな方法で伝えてきたか。

この2点について記録が必要となる。

①については、一定期間のものを連絡帳から抜き出す方法があるかもしれない。連絡帳に①の場面が記録されていることが少ない場合、学習場面に限定すれば、毎日の記録も可能だと思われる。

②については、第3章で示した「自発語調査」（83ページ参照）で可能である。いずれの場合も、各家庭で一語文のコトバを理解したように思われる場面があった時は、連絡帳への記

入をお願いする。お互いの励みになるし、連絡帳から園・学校の記録に追加できるからである。いかにして①②の場面を収集、記録するか、実践現場の状況に合わせた工夫が求められる。

今、できている①②の力が環境を変えて、人を変えてでもできてくる多様性の広がりは、「コトバ準備教育階梯期」における中心の「ヨコへの発達」であり次の節に向かっての温度計となる。そして、中心以外の小さな変化、糸賀のいう（63ページ参照）感情の変化なども丁寧にとらえて「ヨコへの発達」（垂髪あかり２０１４）として評価する。

第7章

# 障害児教育に学校演劇を

## 高等部演劇のシナリオ・キャスティング・演出の工夫

## 希望の星

卒業式でのことだった。

保護者会会長（父親）が高等部を卒業する3年生に向かって「あなたたちは、私の希望の星でした」と、挨拶をした。なんのことだろう？　と、私はしばらく考えたが、挨拶の続きを聞いて理解した。卒業する生徒集団の学習発表会での演技を見てのことだった。

「うちの子も高等部になったら、あんなことができると思った」と、話を続けた。多くの特別支援学校は、小・中・高が併設されている。その中にあって、高等部のお兄ちゃん、お姉ちゃんたちの舞台発表は、まだ、小さい子を抱える保護者たちの「希望の星」になる。父親は、力を合わせ舞台の上で一つのストーリーを展開していく生徒たちを見ながら、やがて訪れる「うちの子」の高等部生活を夢見ていたのだ。

今、卒業していく彼らが演じたのは、「京都物語～天狗の羽うちわ～」だった。京都の撮影所を舞台に映画を守るために死んでいく大天狗の話である。脚本は、私のオリジナル。挿入曲も多くはオリジナル。映画「蒲田行進曲」のサウンドトラックに乗ってストーリーが展開していく。学習発表会の次の日、連絡帳には親たちからいっぱいの感想が寄せられた。

「『この学校の学習発表会は素晴らしいから見に来て！』と、みんなに言って回りたい気持ちになりました」

「発表会、素晴らしかったです。ぜひ、機会があれば大勢の人に見てもらいたいです」
「子供たち一人一人がすごく輝いていました。アンコールはないけれど、本当にもう一度見たかったです」

いい舞台は、親たちに学校への誇りを抱かせる。
「セリフを言える子が少ない」「言える子でも、セリフがわかりづらい」「歌もうまくない」「体や表情を使っての表現も苦手」……でも、大丈夫。このようなハンディを持つ子どもたちの演技でも観客に「やさしさ」とか「勇気」とか「親子の愛」とかのメッセージを伝えて、観客を幸せな気分にさせることができる。

でも、それにはコツがある。

## 観客を幸せにするコツ

最初のテーマは舞台の「前説」と「後説」、文章の「前節」と「後節」という話である。淀川長治さんが毎回登場した頃の「日曜洋画劇場」。映画がはじまる前の紹介は「前説」、「……さようなら、さようなら」で終わる解説は「後説」である。小説やシナリオにおいて、同じことを重ねて表現することがある。次のような文章である。

幹夫は、眠たそうな目で窓の外を見ている（①）。今にもあくびをしそうな顔でぼんやりと道行く人に目を向けている（②）。

いわば、後ろの文章を前で説明したり、前の文章を後ろで補強する文章のことだ。①を「前節」、②を「後節」として話しを進める。つまり、どちらかを削っても読者には意味が通じることなのでプロの人たちが最も嫌う文章である。

一般的にはシナリオづくりにおいても、無駄のないセリフ、どこを切っても血の出るシナリオこそが、すぐれたシナリオであり、すぐれた脚本となる。

ところで、演劇の場合「主体はセリフ」（津上忠「戯曲を書こうとする人のために」『新文学入門』新日本出版社、日本民主主義文学同盟編、１９９０年）という特徴がある。したがって、セリフがわからないと、劇は、もう、どうにもならない。

私は、過去にいくつかの障害児学校の学習発表会を見てきたが、神経を集中させ、舞台で何が行われているかを「理解しよう、理解しよう」と一生けん命努めても、終わってから全く何があったのかわからない発表に出会うことがしばしばあった。それは、「主体はセリフ」という特徴をもつ舞台演劇にもかかわらず、そのセリフがわかりづらいことからきていた。しかし、いくら発表会に向けて練習を積んだとしても、聞き取りにくいセリフが短期間で明瞭になってくるわけではない。とはいうものの私たちは、たとえ、聞き取りにくい言葉であっても、言葉のある子には、舞台の上で一言でもセリフを言わせたいと考える。

「今できることを、場所を変え（舞台）でできるようになること」すでにできることであっても、その力の広がりや豊かさを大切に育てることにこそ障害児学校における教育の神髄があると考えるからである。しかし、セリフがわかりにくい。

さて、どうしたもんだろうか。

セリフのわかりづらさを補うための技。それは、最初から、子どもたちのセリフがわかりづらいということを念頭においてシナリオをつくることである。そして、わかりづらさを計算した上で意図的にナレーションや他の子のセリフで「前説」または「前節」を挿入し、「後節」で補強する。

「ん？　で、どうすんね」

## その前になぜ劇か？

と、その前に皆さんの質問に答えておかなくてはならない。それは、「なぜ『劇』ですか？」という質問だ。舞台の上で大人数の人が発表する手段としては、むしろ、合唱とか合奏、踊りやダンスというのが手軽で一般的である。その中にあって、わかりにくさがあるということを承知しながら、なに故に、私たちはあえて「劇」をするのだろうか。

前任校でのことである。

てんかんがあり、いつもヘルメットをしている子がいた。支えられないと歩くこともできない。ことばはなく、手の動きもままならず、食べることも介助が必要な子だった。その彼が舞台の上で見事に大太鼓をたたいている。みんな「えっ」と、不思議そうに舞台を見た。よく見ると先生の手が幕からのびて、バチをもつ彼の手の上に先生の手があった。本当は先生がとっても上手にリズムよく大太鼓を叩いていたのだった。

さて、この場面をきっかけに論争が始まった。なぜなら、当時の私たちは、次のようなことを学んでいたからである。

人は、何によって発達するか。「人間は環境の中のあるものを源としながら、自らの能動的活動でもって発達をおし進めていく」「子どもの獲得活動は大人によって組織されるが、かれの精神発達を進める原動力になるのは大人なのではない。それは子ども自身の能動的活動」（心理科学研究会児童心理学教科書編集委員会編「児童心理学試論」三和書房、１９７５年）である。

真面目な、私たちは、さっき紹介した舞台上での太鼓の活動が、子どもの「能動的活動」といえるのかと考え込んだ。そして、見た目ではなく、彼の「能動的活動」こそ大切にしようという結論を出した。

歌えなくてもいい。合奏などができない子もいる。踊りやダンスになると模倣のできない自閉の子はお手あげになる。しかし、彼らにもできることはある。こうして、私たちは、どんなに障害の重い子でも彼らの「能動的活動」を引き出すための別の道を模索し始めた。先ほどの大太鼓の彼も、友だちに支えられてなら、歩くことができる。

2年後、彼を担任することになった私たちの学年は、「寅さんシリーズ」で家族と手をつないで歩く夜店の通行人として彼を登場させた。

他にも、すぐに周りの友だちを叩く子がいた。お母さんはそれをいつも気にしている。大勢の人が見ている舞台上で誰かを叩くことがあったら、母親はとっても悲しむことになる。私たちは彼を早朝、寅屋に牛乳を配達する役でキャスティングした。

設定は早朝だから、周りに誰もいない。

また、なかなか動かない子もいた。舞台の上で座りこんだら大変。何人かで、かかえて退場させるほかない。彼には、最初から座ったままでいるレジ係の役を用意した。これで、舞台の上で先生にかかえられて退場というような事態にはならない。

もちろん、合奏や合唱の素晴らしさを否定するものではない。楽器の得意な子がいれば、演奏場面をつくり、歌が得意な子は歌えるようにし、踊りが好きな子がいれば、ダンス場面を加える。そして、歩いたり、座ったり、跳んだり、それしかできない子でも、その活動を意味あるものとして演出し、キャスティングする。

すべての子どもたちの「能動的活動」をつくり出すこと、それが、障害児学校の生命線——こうして、私たちは歌も演奏も、ダンスもある「劇」にたどりついた。

## わかりづらさの補強

さて、子どもたちの「劇」をわかりやすくするコツ。「前説」または「前節」挿入の具体的方法を紹介しよう。題材は、「神戸物語〜桜の木の下で〜」（作：山田優一郎、音楽：岸本照子、山田優一郎）だ。

まず、紹介するのは、次の文章である。

> 旧正月を祝う南京町。町の人たちが最近桜の花が咲かなくなったとうわさしています。前の年の秋、線路沿いの小さな公園に一本のソメイヨシノが植えられました。長男夫婦を震災で亡くした豊岡に住むご両親が、長男夫婦の生きてきた証として植えたものです。事情を知った公園近くの子どもたちはこの木を大切に育てます。桜を咲かなくさせているのは、公園に住む魔女たちです。この魔女たち、にくしみには強いのですが、愛にはめっちゃ弱いのです。さて、皆さん。神戸まつりの再開は、震災の翌年でした。ほ〜ら、祭りの会場に近づいてきましたよ。

どうだろうか。この設定さえわかっていれば、観客は、

①幕が開いたらそこは「神戸まつり」の会場であること。

②お店のセットになったら、その場所は神戸の南京町であること。そして、神戸の街の桜が咲かなくなってきていること。
③木を持って誰かが登場すれば、それは豊岡のご両親であること。ご両親がなんのために木を植えているのかもわかる。

そして、

④桜を咲かなくさせている犯人が魔女であること、その上、魔女たちの弱点まで告知する。

これだけで観客は、南京町での子どもたちの動きがはっきりしなくても、セリフが聞きづらくても、そこが南京町であり、そこではどうやら、「神戸の桜が咲かなくなっている」ことが話されていることがわかる。

同じように、誰かが何かを植えるしぐさがあれば、豊岡の両親が長男夫婦のために桜を植えていること、あやしげな女たちが出てくれば、「あっ、これが魔女やな」と観客はわかる仕掛けである。

実は、上記の文章はプログラムのパンフレットに入っている「あらすじ」紹介、もしくは、劇が始まる前に会場で紹介されるアナウンス用の文章である。誰もがこの文章を読んで、そして、聞いてから劇を見る。要はこの文章は劇の「前説」なのである。

私たちは、この「前説」をけっして片手間ではつくらない。たいていは、字数も決められているので、重要な文章として、練りに練って仕上げる。限られた字数の中でストーリーのほとんどを包み隠さず観客に伝えて、子どもたちの動きやセリフの不十分さを補強しておきたいと考えるからである。

子どもたちの「劇」をわかりやすくするためのこのようなテクニックは、シナリオ本文でも繰り返し使う。

「神戸物語〜桜の木の下で〜」は、長男夫婦を震災で亡くした豊岡市に住むご両親が、長男夫婦の生きてきた証として桜の木を神戸の町の線路沿いの小さな公園に植える物語だ（ここまでは実話）。

ところが、震災後、神戸の町では桜が咲かなくなってしまった。桜を咲かなくさせているのは、公園に住む魔女たちだった。

震災10周年で再演した時のことである。

Mさんは、おしゃべりが好きな女の子。魔女チームのリーダーとして、Mさんのセリフがわかれば筋書きはわかるという仕掛けでシナリオはつくられていた。しかし、練習を始めるとMさんのセリフがさっぱりわからない。しかし、本人はもう魔女チームのリーダーとしてやる気十分である。

こんな時、役を代えるというような失礼なことはしない。Mさんのセリフの前に今度は「前節」をかぶせる。すなわち、急遽「魔王」役（セリフが言える子）を立てる。魔王は、初演の時はなかった役である。「魔王」には、次のように語らせる。

**魔王「魔女に告ぐ。魔女に告ぐ。よく聞け！　この百年、人間どもは桜の木の下でどんちゃん騒ぎ。いいか。人間どもをこれ以上楽しませることはない。一本たりとも花を咲かすな」**

このセリフをかぶせることで、魔女チームの歌やMさんのセリフがわかりづらくても観客にストーリーが伝わる。

こうしてセリフがはっきりしない子がいても、それを別の子が補い助け合う関係、いわば、どの子も自分の力を発揮すれば物語が展開していく世界を創っていく。

## ナレーションは重要

ところで、観客に「伝わる」劇づくりにおいて、もっとも重要な演出上の工夫は、ナレーションである。

「あっ、この場面がわかりにくい」……そう感じたら、すぐにナレーションで「前節」になるよう説明したり、「後節」で前の場面を再度説明させたりすることができるからである。これが手っとり早い方法だが、そもそもこのナレーションがわからないと、もうどうにもならない。

どうにもならない事態を避けるため、キャスティングでは、まずナレーション役から決めていく。国語の時間を何度ものぞいて、学年の中で最もスラスラと文章が読めて、最もはっきりした発音ができる生徒に依頼する。

すき通った声をしていてナレーターにぴったりの生徒がいた。この時、ナレーターは三人いて、一人が本番当日に休んでも、朝の段階でわかれば、その担当分を二人のどちらかが読むことで劇は混乱なく進行する。

このような事情があって、休みがちなS君を当日も休む可能性を考慮して、ナレーション役三人のうちの一人とした。

するとS君は、「ぼくも、ちゃんとセリフが言いたい。セリフ覚えるの、ボク、得意なんや」と、役の交代を要求した。

「なっ。去年も本番で休んでるやろ?」と、私は説得を続ける。

ところが、彼は驚くべきことを言ったのだった。

「先生、この劇、終わるまでボク、絶対、休めへん」

「それ、ほんまか!」と私。彼は「うん」と頷いた。

私はもはや躊躇なく彼の要求を取り入れ、すでに印刷をすませ、全生徒に配布していた台本を回収した。そして、彼のために少し長いセリフのある役をつくった。彼は、本番まで一日も休まなかった。当日、彼は見事に華やかな役をこなし、拍手喝采を浴びた。

ナレーションで失敗している劇をよく見受ける。言葉のはっきりしている子を主役やそれに準ずる役にして、ナレーションを二の次、三の次にするからである。しかし、それは逆で、ナレーターを適役にするだけでわかりやすくなる劇がたくさんある。

## キャスティングのポイント

このようにキャティングに当たっては、まず、ナレーション重視というのが、私たちのやり方である。

もう一つ、私たちがかなりの確率で避けるキャスティングがある。それは、一役を二人とするダブルキャスティングだ。例えば、天狗の役が一幕ではA君、二幕では体格も声も顔も全く違うB君が天狗として登場したとする。このダブルキャスティングで、一幕目の天狗はどこに行ったと、話の流れがつかみきれなくなった観客は混乱する。

障害児たちの学校演劇を舞台芸術として成立させるためには親切、ていねいにストーリーを伝えることが必要だ。ダブルキャストやトリプルキャストでは、観客は相当の推理と思考を働かせないと、わけがわからなくなる。

「でも、たくさんの子を目立たせたい。多くの子を活躍させたい」と、教師たちは考える。ここでも、私たちは別の道を選択する。すなわち、彼が目立ち、彼が主役のように活躍できる新しい役を作る。そのほうがダブルキャストやトリプルキャストより、彼の個性が生きてくる。そして、観客も混乱しない。

ところが、何人もの生徒が活躍できる新しい役をつくろうとすると、原作がじゃまになることがある。原作がある場合、原作を壊してでも子どもに合わせたシナリオをつくる。私たちは、徹底して子どもに合わせなければならない。この延長線で、私たちは障害児たちの発達と障害に合わせたオリジナルのシナリオこそ一番と考えるようになった。

特異な俳優として数々の作品で異才を放った丹波哲郎さんが生前こんなことを言っていた。

「芸か素か、わからないような演技が一番いいんだよ」

そう言えば、丹波さんの芸は、どこまでが芸でどこまでが素なのかわからない。きっと、天界で「ざま〜見ろ」とほくそえんでいるに違いない。子どもに合わせて、芸なのか素なのかわからないような役をつくっていく。

実は、この作業は私たちの子ども理解の力を蓄えていく作業の過程でもある。子どもに合わせたシナリオ、子どもに合ったキャスティング、それは教師の子ども理解の力量そのものである。役がぴたっとハマッた時、どんな障害の重い子でも素なのか芸なのかわからない「演技」をする。

## 演出上のポイント

私たちは演出上、次のことをとっても大切にしている。

「教師は、できるだけ舞台に出ない」「ライトを浴びるのは子どもたち」「教師は裏方に徹する」ということだ。

先に人が何によって発達するかについて見てきた。それは、「子どもの獲得活動は大人によって組織されるが、かれの精神発達を進める原動力になるのは大人なのではない。それは子ども自身の能動的活動」（前掲）というものだった。

学習発表会に限らず、実技教科においては、自分の実践がどの程度「能動的活動」を実現しているか、次のような評価シートでチェックしている。

> A．自力でできる。
> B．個別の声かけ（非接触ガイダンス）でできる。
> C．教材や本人に手を添えての援助（接触ガイダンス）を受けてできる。
> D．不参加

DからAに進むほど、子どもの自由度が上がり、子どもが自分の脳と身体を使った、より主体的・能動的な活動が実現されていると評価する。子どもの学習活動がC、Bに留まっている時は、教材を子どもに近づけ、Aになるように学習環境を整える。

教師が舞台に出ていって援助するというのは、Cの活動レベルになる。だから、私たちは最後まで、シナリオ、演出に工夫に工夫を重ねて→B、できたら→Aになるようにしていく。どうしてもCにならざるを得ない障害の重い子に遭遇した時、私たちは次の言葉を合言葉に智恵を出し合う。

「ここからが、障害児学校教師の腕の見せどころ」

舞台発表は、日頃の授業力を鍛え、教師集団が子どもの「能動的活動」を引き出す技を獲得できるチャンスでもある。このような努力の中で教師集団は実践力を養っていく。それもこれも、「教師はできるだけ舞台に出ない」ということを演出上のポリシーとしてこそ可能なことである。だから、子どもたちの舞台発表は、その学校の日頃の実践そのものである。小・中学部、まして幼児では、とても難しい課題である。しかし、このポリシーを基本姿勢にして、教師の援助は最小限度にとどめるのが私のお勧めしている方法である。

## 「尊厳を守る」という話

私が所属する研究会で、特別養護老人ホームの園長さんが次のようなことを話された。「痴呆が進み寝たきりになっている方がいます。その方のおむつ交換をするときに、私たちは本人がわかっていようがいまいが、カーテンを閉めて同性の職員が介助をします」。

私は、「人間の尊厳を守る」ということはこういうことかと納得した。本人が恥ずかしさをわかっていようがいまいが、私たちも青年期になっている生徒たちの尊厳を守りたいと思う。

ある学校の学習発表会のことだ。セリフを言い終わった生徒が、イスに座っているだけのA君に近づいた。100人を越す観客たちは、A君は友達に誘われて舞台袖へ移動するだろうと予想しながら、視線をこの二人に向けていた。

ところが、まさにその時、教師が舞台袖から堂々と出てきてA君のポケットからティッシュを取り出し、A君の鼻をふいたのだ。「あ〜あ〜」という声が客席から聞こえた。あと数秒待てばA君は舞台袖だった。そして、あと1分も待てば舞台は暗転だった。どうして、ライトが当たっている中で、そんなことをするのだろうか。どうして、わざわざ観客の視線がA君に集まっている時にするのだろうか。

観客の中には、A君の保護者もいたはずだ。保護者は、客席からのこのため息をどんな思いで聞いたのだろうか。「舞台の主人公は子どもたち」「教師はできるだけ舞台に出ない」「教師は裏方に徹する」ということを私たちは、演出上のポリシーとしてきた。私たちが大切にしてきた演出上のポリシーは、実は子どもたちの「尊厳を守る」視点からも重要なことであった。

ほんの数分、「出ていかない」という配慮をすれば、A君の尊厳は守れたのだ。私たちが伝えるべきことは、障害児は「こんなこともできないのか」というメッセージではない。私たちが伝えなければならないのは逆のメッセージである。すなわち「障害をもっていても、あんなことができるのか」と、観客が子どもたちの力と可能性を発見し、共感を広げることができるメッセージである。

＊全障研兵庫「はぁとブリッジ」２００７年2月〜11月連載に加筆した。

寄稿

第8章

# 青年期の教育、学校卒業後の教育をどうするか

## 「働く」ことから「働き続ける」ための教育に

鳥取短期大学幼児教育保育学科教授　國本　真吾

## 障害のある人の労働、「働く」ことを問い直す

２０１８年夏、障害者雇用をめぐるある問題が世間を騒がせた。中央官庁が長年にわたり、障害者雇用の数を水増ししていた問題である。その後、この問題は地方行政にも波及し、法定雇用率を達成していると言われた行政機関が、次々にその数値を下方修正する事態に至った。結果、国は２０１９年度には全省庁で約４０００人の障害者雇用を進めるという方針を出したが、偽られていた数の分、障害者雇用の機会が奪われていたことになる。

時の政権は、「若者も高齢者も、女性も男性も、障害や難病のある方々も、一度失敗を経験した人も、みんなが包摂され活躍できる社会」をめざす「一億総活躍社会」の実現を掲げてきた。[*1] しかし、この障害者雇用の水増し問題を、単なる数字合わせの形で終わらせてはならない。改めてこの機に、障害のある人の労働、そして「働く」ことそのものについて、もう少し立ち入った議論を仕掛ける必要があるだろう。

### 特別支援教育の現状から

文部科学省の「特別支援教育資料」によると、特別支援学校高等部卒業生の就職率は30・１％である（２０１７年３月卒業生）。[*2] 就職率３割というのは、約20年前の水準である。２割を切った２００３年以来、徐々に数値を上げながら10数年かけて３割台まで回復したわけだが、筆者の

問題意識はそこではない。

筆者がこの間、問題視してきたことは、後期中等教育（高等部・高等学校）を終える18歳段階での進路が、障害の有無や障害種によって大きく差があることである。高等学校卒業者の場合、卒業後に大学等もしくは専門学校へ進学する割合は7割であるのに対し、特別支援学校卒業生だと教育訓練機関等への入学者を含めても3％余である。

また、障害種別でも聴覚障害校では4割が進学するが、知的障害校では2％程となっている。障害の有無に加えて、障害種別でも進学の格差が明白なのだが、これを権利侵害の問題として認識する人は少ないのではないだろうか。[*3]

知的障害を対象とした特別支援学校の場合、職業学科を設置する学校や高等部で「就職率100％」を目標に掲げるものを目にする。また、多くの自治体で、清掃や接客、流通・物流などの特別支援学校版「技能検定」が実施され、それらのテキストが作成されている。そして、特別支援学校版「技能検定」に向けて、学校では検定を前提とした授業が展開される。関東圏では、このような教育を行う高等特別支援学校への入試に備えた進学塾まで存在している。

障害の有無によって、後期中等教育を終える18歳段階は、進学か就職かでその後の道に大きな違いが生じている。当然、働くことは権利として適切に保障されるべきだが、障害のある青年は学校教育から労働の場へと移っていく時期が、障害のない青年に比べて早いことを「当然」のようにはとらえたくない。

筆者は、障害のある子ども・青年の「教育年限延長」に関わる権利保障運動に携わってきた。鳥取大学附属特別支援学校は、知的障害の青年が18歳以降も学び続けることができる高等部専攻科（２００６年度設置、２年制）を国立大学附属で唯一設けているが、知的障害校の専攻科は他に８校が存在している（鳥取大学附属を除くと他はいずれも私立校）。[*4]

知的障害対象の学校は全国で７００校を超えるものの、専攻科設置の学校数はわずかなもので、公立校に至っては存在していない。しかし、「障害があっても大学に」「障害があるからこそ、ゆっくり丁寧に学ぶ時間が必要」と、18歳で学校教育を終えることへの疑問から、教育年限延長を実現する専攻科設置を求める声が各地から起こっている。[*5]

学校への専攻科設置が芳しくないこともあり、「教育がだめなら福祉で」の発想から、障害福祉サービスの自立訓練事業等を活用した「福祉型専攻科」の取り組みがアイデアとして生み出され、そして拡大している。[*6] また、「法定外大学」と称する知的障害・発達障害のある青年を対象とした高等教育の場や、[*7] 障害福祉サービスを組み合わせて、「福祉型専攻科」より長く学ぶことができる「福祉型大学」の例も存在する。[*8] いずれも、18歳で学校教育を終える状況を打破し、障害を有していても学び続ける機会が保障されることを願った取り組みである。

２０１６年12月、文部科学省が公にした報告書を起点に、[*9] 翌２０１７年４月から省内に「障害者学習支援推進室」が設けられた。同時に、文部科学大臣は「特別支援教育の生涯学習化」を打ち出し、これまでの学校教育完結型の特別支援教育から、生涯にわたる学習としての生涯学習施策への転換が政策方針に位置付けられることとなった。そして、２０１７年に告示された特別支援学校小学部・中学部学習指導要領、２０１９年に告示された同高等部学習指導要領においても、生涯学習に関する記述が盛り込まれた。

しかし、教育年限延長を志向した「専攻科」を学校に設置することは教育行政として否定的な姿勢であり、あくまで18歳で学校教育を終えた上で、労働を中心にした生活を支えていく余暇活動や学校教育修了後の生きがいづくりとして、学校外の学び、文化・スポーツ活動の振興に重きが置かれている。

## 青年期の学びの場から考える

18歳での学校教育修了後も、継続した教育の機会保障を求める理由は、他ならぬ障害青年たちの姿からその意義を説くことができる。「青年期教育」を志向する専攻科や福祉型専攻科では、「青年期の自分づくり」を重視した実践を行っている。「第二の誕生」（ルソー）、「疾風怒濤の時代」（ゲーテ）とも称される青年期は、アイデンティティの再体制化が発達課題として求められる。

まさに、「子どもから大人へ」という年齢段階にある青年にとって、青年期における自分づくりは重要な課題である。障害のない青年の多くは、高校卒業後に大学などへ進学することで、自身の人生設計における思考の時間が生み出されている。俗に「モラトリアム」と表現されることもあるが、職業に就くまでの猶予期間が、進学により確保または延長されているのである。この時期に、仕事に就くために必要な学びや資格取得に留まらず、ボランティアやサークル活動、そして恋愛や人間関係づくりなど、内面や人格を豊かに太らせていく時間の使い方が可能になっている。

しかし、障害青年の多くはこの自分づくりに必要な時間が、障害のない青年と比べても十分確保されているとは言い難い。青年期の自分づくりは、決して18歳以降に訪れるというものではないが、平坦な道のりであるとも限らない。専攻科などで学ぶ障害青年たちの中には、他人への言動が厳しく、時に破壊的な言葉を投げつけたりして、周囲を挑発する行動が目立つ時がある。人によっては、その行動を「問題行動」と表現することもあるだろうが、このような彼らの姿を見る度に、彼らがそれまでの人生で背負わされてきた負の遺産があるのではないかと思う。

この姿を、筆者は「金平糖」に例えている。お菓子の金平糖は、表面に凸凹の突起がある。金平糖は、熱しながら回転する鍋に核となるザラメを入れて回し、そこに氷砂糖に水を加えて煮詰めた飴を少量ずつかけながら、時間をかけてゆっくり凸凹の突起を成長させながらつくられていく。障害青年たちの育ちをみると、彼らのこれまでの育ちが、この金平糖の製法と重なっているのではないかということである。

凸凹の突起は負の遺産の積み重ねであり、それが形成されていく過程や理由も青年一人ひとりで異なる。学校教育の場において、「学校スタンダード」と称する規律が広がっていることが知られる。障害特性から、落ち着きがなかったりそこからどうしてもはみ出てしまう姿があると、子どもはその行動を常に諫められ、「あなたはダメな子」「秩序を乱す子」などと自分を否定され続けていく経験を積み重ねていく。また、自分の思いとは関係なく、用意されたレールの上を歩むことがよしとされ、少しでもそのレールを外れてしまうと修正され、修正が不可能な形になると切り捨てられていく。

よく、自尊感情や自己肯定感を育む教育が大切だと言われるが、自分の言動や存在を認めてもらう経験もなく、自分を丸ごと受け止めてもらう経験もないなかで、実は自尊感情や自己肯定感が傷つけられている。障害青年たちにみられる金平糖のような凸凹の突起は、彼らが自分の本音を押し殺す形で、それまでの学びの時間で形成されたものと言えよう。

青年期の自分づくりにおいては、「自分くずし」や「自分さがし」が必要であるが、本音を押し殺すとともに傷ついてきた自分自身と向き合うことは、決して容易いことではない。つくり上げられた凸凹の金平糖の棘は、彼らの生きにくさを示したものとして鋭く成長している。

そして、鋭い棘は他人に対しても向けられる。人間関係の構築やコミュニケーションの場面で、杓子定規な言動をとったり、相手に対してそれを求めたりする場合がある。自分のモノサシと他人のモノサシが異なっても、妥協したり融通が利くようなしなやかさがないため、トラブルになることも多い。

専攻科などの学びの場では、最初そのような青年たちの鋭い棘がぶつかり合う姿がみられる。

時には周囲の大人に対しても向けられるが、学びを支援する教師や支援員たちは彼らのその姿を受け止めていくことを大切にしている。受け止める相手は周囲の大人だけでなく、同じように苦しんできた仲間の青年たちだったりもする。自分を受け止めてもらう経験が少なかった彼らが、次第に安心して自己解放し、自分という存在にようやく向き合っていくようになる。まさに「自分くずし」の時間が、そこで展開されているのである。

こうして、「まんざらでもない自分」「ふがいない自分」と、自身を客観視するようになり、自分の「針路」を探索する「自分さがし」へと進み出していく。気付けば、凸凹の棘は削がれて鋭さを失い、丸みを帯びて弱まっていく。棘が丸まることで、彼らは生きやすさをもつように変わっていく。

## 「働く」ことがゴールなのか？

このような専攻科などでの障害青年たちの姿を目の当たりにして、特別支援学校高等部での就労を至上命題とするような教育を鑑みると、かけがえのない青春時代がいかに光輝くことを奪われているかとも捉えられる。「就職率１００％」の裏舞台では、刺々しさから生じる問題行動によって離学を余儀なくされ、「ドロップアウト」として中退に至っているケースも存在する。入学時と比べて、卒業時の在籍者数が減少することで、結果として母数を減らす形で就職率を押し上げている学校もある。

しかし、無事就職も決まり卒業を迎える「ドロップアウト」させられなかった青年たちが、決して安心だというわけでもない。彼らもまた本音をさらけ出すこともなく、そして自分を受け止めてもらえる経験もないまま、社会へと送り込まれてはそこでの適応を求められていくのである。

冒頭で障害者雇用の問題に触れたが、雇用されている現場での仕事の中身も問われるであろう。例えば、障害者雇用を推し進めるなかで企業の業務を見直し、ワークシェアなどの推進で障害者が可能な仕事内容が用意され、あてがわれる。中には、職場に届けられた郵便物をひたすら開封する作業、破棄する書類をひたすらシュレッダーにかける作業などだったりすることもある。昇給があっても、昇格や栄転はなく、毎日決められた仕事をただこなすだけで発展性も見られない。これでは、仕事に前向きになれと言われても、障害のない人でも苦痛を感じざるを得ないだろう。

ＩＬＯ（国際労働機関）がディーセント・ワーク（働きがいのある人間らしい仕事）を提唱しているが、障害者雇用の場や人数を増やすことに終始する形ではなく、仕事の中身や質についても問われていかなければならない。「子どもから大人へ」の自分づくりが不可欠な青年期に、「学校から社会へ」の移行が急かされる形で本当によいのかと問いたくなるのである。特別支援学校は、職業訓練校や就職予備校ではない。かけがえのない青年期、彼らの青春時代が光り輝くよう、彼らの思いや姿が大切にされる社会や学校教育を築く必要がある。障害のある子ども・青年にとっての「青年期教育」は、職業教育一辺倒の「青年期」の教育のことをいうのではなく、青年期の発達課題の特徴を踏まえた「自分づくり」を志向する組織化された営みとして理解すべきであろう。*10

障害のある子ども・青年たちが大切にされる社会こそ、豊かな社会の在り方だと考える筆者としては、「働く」ことの前にもっと彼らに必要なことを施すのが学校教育のあるべき姿ではないだろうかと考える。障害があるからこそ、その必要に応じてゆっくり丁寧に学ぶことができるよう、18歳で学校教育を閉じることを「当然」ととらえてはならない。希望すれば、障害の有無や程度に関係なく、誰もが18歳以降も自由に学び続けることができる豊かな社会へと成熟することが求められる。

## 仕事は「義務」だけでなく「権利」としても保障されなければならない

筆者が尊敬する実践者に、第46回博報賞（２０１５年度）の特別支援教育部門で、「世界初の肢体不自由児者の人形劇団創設と自立支援活動」として受賞した愛知県の南寿樹氏がいる。肢体不自由校の教師として、南氏が生徒たちと取り組んだ人形劇の活動は、彼らの卒業後の余暇活動へとつながっている。長い年数のなかで複数の劇団が組織され、その一つは職業自立をめざすプロの劇団、つまり人形劇を仕事にする形で成長している。

人形劇の実践を始めて間もない頃、南氏は民間教育団体の大会で実践報告を行った。当初、手足の不自由さから子どもの人形操作の介助を行っていたが、子どもの意思で人形が操作されておらず、子どもが表現の主体者になっていないのではないかという指摘をその会で受けた。以降、子どもが操作可能な人形を追求し、またプロの人形制作者との出会いもあって、演者が文字通り表現の主体者となっていく人形劇が生み出された。そして、人形劇の活動は自分たちだけの楽しみで終わることなく、観客など他の人へ喜びを生み、彼らの自己肯定感を高めることにつながっている。

これは、「働く」ことの意味を考える上でも重要な視座を与えてくれる。「働く」ことができても、ディーセントワークに関わって、そこで「生きがい」を感じることがなければ、「働き続ける」ことは難しいだろう。丸山啓史は、「労働を一面的に高く評価することは誤りであり、人間の生活と発達にとっての労働の位置を相対化して考えることが求められる」と述べている。そして、「人間の発達に適合的なものになるよう労働のあり方を変革していく」意味での「労働の解放」と、「豊かな自由時間の創造によって人間の発達を実現していく」意味での「労働からの解放」の同時追求を求めている。[*11]

「就職率100%」を掲げ、就職に結び付ける特別支援学校版「技能検定」を実施する高等部教育は、「労働の位置を相対化」することなく労働を「高く評価」した形で、企業や職場に障害のある子ども・青年を適応させるものと言えよう。働く障害者の「豊かな自由時間の創造」によって「人間の発達を実現」するために、企業や職場が「人間の発達に適合的なものになるよう労働のあり方を変革」する姿勢が問われている。「働く」ことは、日本国憲法第27条に基づいて「義務」だけでなく「権利」としても保障されなければならない。しかし、それが雇用率や就職率のように単なる数字合わせに終始し、その仕事の中身を問うことが放置されてはならないのである。

〔付記〕本稿は、子どもの遊びと手の労働研究会会報『子どもの遊びと手の労働』第545号（2019年1月）の『働く』ことから『働き続ける』ことへ～障害青年の学びの場から考える」に加筆・修正したものである。

**【引用・参考文献】**


1　一億総活躍国民会議（2015）「一億総活躍社会の実現に向けて緊急に実施すべき対策――成長と分配の好循環の形成に向けて――」2015年11月26日
2　文部科学省初等中等教育局特別支援教育課（2018）「平成29年度特別支援教育資料」
3　國本真吾（2018）「障害青年の教育年限延長要求と生涯学習」『人間発達研究所紀要』第31号
4　鳥取大学附属特別支援学校著・三木裕和監修（2017）『七転び八起きの「自分づくり」――知的障害青年期教育と高等部専攻科の挑戦――』今井出版
5　全国専攻科（特別ニーズ教育）研究会編（2008）『もっと勉強したい！――障がい青年の生活を豊かにする学びと「専攻科」――』クリエイツかもがわ。障害のある青年のための専攻科設置を求める研究運動団体として、「全国専攻科（特別ニーズ教育）研究会」（http://zensenken.iinaa.net）が2004年に結成されている。

6 岡本正・河南勝・渡部昭男編著（2013）『福祉事業型「専攻科」エコールKOBEの挑戦』クリエイツかもがわ

7 田中良三・大竹みちよ・平子輝美・法定外見晴台学園大学編著（2016）『障がい青年の大学を拓く――インクルーシブな学びの創造――』クリエイツかもがわ

8 長谷川正人著、田中良三・猪狩恵美子編、社会福祉法人鞍手ゆたか福祉会協力（2015）『知的障害者の大学創造への道――ゆたか「カレッジ」グループの挑戦――』クリエイツかもがわ

9 文部科学省特別支援総合プロジェクトタスクフォース（2016）「文部科学省が所管する分野における障害者施策の意識改革と抜本的な拡充――学校教育政策から『生涯学習』政策へ――」2016年12月14日

10 國本真吾（2017）「教育年限延長の要求運動と青年期教育の意義」（前掲4）所収

11 丸山啓史（2018）「発達保障と『労働』」越野和之・全障研研究推進委員会編『発達保障論の到達と論点』全国障害者問題研究会出版部

あとがきにかえて

# 子どもの発達は、子どもによって獲得される

発達には、発達の原動力がある。発達の原動力とは、外の世界に対する能動的活動だとされている。これは教育の専門家だけが言っていることではない。人類は大昔から、人が何によって育つのか、ことわざや格言として残している。

「馬を水辺に連れて行くことはできても、水を飲ませることはできない」（イギリス）、「好きこそ物の上手なれ」（日本）、「食欲がないのに食べても健康に悪いように、やる気がないのに勉強しても記憶力が損なわれ、記憶したことは保存されない」（レオナルド＝ダ＝ビンチ）、「能力は称賛によって育てられる」（思想家・作家のトーマス・ドライアー）

長嶋（１９７７）は、「子どもの発達は、子どもによって獲得される」とわかりやすく表現した。私たちが経験した障害をもつ子どもたちの学習場面における能動性の発揮と、新しい力の獲得は次のようなものであった。

例えば「一語文」の再生学習で、「これは、何？（できるかな）」と、私たちは子どもの声を聞く。彼が理解している「一語文」であることは、すでに調査ずみである。子どもは、（それ知っ

ているからできるよ）と、私たちが提示したカードや物を見て一瞬、思考をぐらせる。この時、外界に対する能動的活動はすでに始まっている。そして、ことばやサインで表現する。しかし、1回では記憶できない。明日も同じように（ボク、やって見る）と、先生の前に座ったものの提示されているものをじっと見ているけどうまくいかない。その時は、さっと援助の手が差し伸べられる。

やがて学習場面で言える、できるようになった「一語文」は、生活の中で使用する学習が始まる。欲しいものがある。先生にしてほしいことがある。何かをしなければ……すでに子どもの能動性は発揮されている。子どもは最初にその場面に遭遇した時、どの子も一瞬真剣な表情になる。私たちは、彼の思考の結果を待つ。成功したらよし。うまくいかない時、このままでは挫折すると思われた時、その瞬間に私たちは、躊躇なく援助の手を差しのべる。そして、子どもたちの挑戦は成功する。

スプーンが使えるようになっている子どもたちの道具使用学習でも、同じアプローチをする。ひとりでできそうな教材を準備して「これはどう？」と子どもの声を聞く。（やってみるよ）と子どもが操作を開始する。そこではすでに彼の能動性が発揮されている。彼が挑戦をはじめて（わからない）（できない）というサインを出した時には、さっと教材を変えて、道具の改善をはかる。何日もかけて彼が道具を使い、自力で課題を解決する段階にたどり着く。道具を使う力が材料や場所、集団が変わっても発揮できる場面をつくっていく。

しかし、こうした時の力の獲得は、同じ「一語文」の段階内の力の獲得、同じレベルの道具使用にすぎない。問題はこれを「発達」とみるかどうかである。

茂木（２００４）は、「能力のレベルは同じままだが、それを使う場面や相手が違っても発揮できるようになったという変化があれば、この変化もまた『発達』と見るべき」とした。豆の中に新芽の命が宿しているように、双葉の中に本葉が仕込まれているように、子どもたちも、私たちも、今の力でできること、今を精一杯生きることのなかに希望を見いだせる。

「縦の発達だけじゃなくて、横の発達があるということにわたしたちは希望をもつんですよ。」（糸賀一雄、２００７年3月20日放送ＮＨＫスペシャル「ラストメッセージ」第6集「この子らを世の光に」）（垂髪２００４）

障害福祉の父、糸賀一雄によって発見された「ヨコへの発達」は、今も、子どもたちと私たちを勇気づけている。

何度も神戸に足を運んで「わからないことは子どもに聞け」と、教えてくれたのはしばしば紹介した長嶋瑞穂先生だった。先生の言葉どおり、子どもたちは、いつも私たちの師匠となって、たくさんのことを教えてくれた。私たちとともに育ち盛りの時を過ごしてくれた一人ひとりの教え子たちと、共に実践をすすめてきた同僚教師たち、私たちの実践を支えた保護者の皆さんに心から感謝したい。

兵庫教育大学の山口洋史先生には、論文の書き方や考察の仕方を学んだ。先生の信念は「一隅を照らす」だった。先生の生き方に学び、私も本書が障害児教育の一隅を照らすことになればと念じている。「中核機制」を探す旅の途中で人間発達研究所を紹介してくれた神戸大学の渡部昭男先生のおかげで、この旅の後半は知的刺激に満ちたものとなった。研究所のご縁でご指導をいただいた方たちとの出会いは私にとって幸運なことだった。また、鳥取短期大学の國本真吾先生は、本書への寄稿を快く引き受けてくれた。先生のおかげで、青年期教育のポイントを若い方たちに伝えることができた。

この方たちとの出会い、ご指導がなかったら本書は完成していなかった。感謝の気持ちでいっぱいである。

本書の出版にあたっては、合同出版編集部の山林早良さんから丁寧なご指導、ご助言をいただいた。厚く御礼申し上げる。

山田優一郎

２０１９年5月末

【著者紹介】

**山田　優一郎**（やまだ・ゆういちろう）

鹿児島県沖之永良部島生まれ。沖永良部高校卒業後、大阪府府税事務所、大阪府庁勤務。働きながら近畿大学法学部法律学科２部卒業。1975 年西宮市立山口中学校、1979 年から兵庫県立特別支援学校勤務。1996 年３月兵庫教育大学学校教育研科障害児教育コース修士課程修了。兵庫「ひゅまん・ぼいす」元事務局長、代表。現在、人間発達研究所会員。

著書『走れ！　ぼくらの青春特急』（あゆみ出版）、『知的障害をどう伝えるか ── 児童文学のなかの知的障害児：交流教育読本』（文理閣）、『「オーム返し」を生きたことばに』（あずみの書房）、『エンドレス・ラン』（岩崎書店）、『たこやき伝説』（文理閣）ほか。

論文「就労した知的障害者の壮年期の実態について──「労働力移動」調査から」（「特殊教育学研究」33 巻５号、日本特殊教育学会）ほか。

**國本　真吾**（くにもと・しんご）

鳥取県生まれ。2002 年、鳥取大学大学院教育学研究科修了。同年、鳥取短期大学助手。現在、鳥取短期大学幼児教育保育学科教授。専門は、特別ニーズ教育学。

主な著書は、『障害のある子どもの教育目標・教育評価』（共著、クリエイツかもがわ）、『七転び八起きの「自分づくり」―知的障害青年期教育と高等部専攻科の挑戦』（共著、今井出版）、『新版・キーワードブック特別支援教育』（共著、クリエイツかもがわ）など。

**障害児学習実践記録**
**知的障害児・自閉症児の発話とコトバ**

2019 年 6 月 20 日　第 1 刷発行

著　者　山田優一郎＋國本真吾
発行者　上野良治
発行所　合同出版株式会社
東京都千代田区神田神保町 1-44
郵便番号　101-0051
電話　03（3294）3506　FAX　03（3294）3509
URL　http：//www.godo-shuppan.co.jp/
振替　00180-9-65422
印刷・製本　新灯印刷株式会社

■刊行図書リストを無料送呈いたします。■落丁乱丁の際はお取り換えいたします。



ISBN978-4-7726-1392-7　NDC378　188 × 130